거사와 부인이 함께 읽는

불경이야기

고 영 섭 저

신아사

책머리에

불교는 '눈을 뜬 분의 가르침'입니다. 때문에 불교는 매우 깊습니다. 불교가 깊다는 것은 '앎의 원리'와 '삶의 원리'를 일깨워주기 때문입니다. 그 원리는 '인간과 세계의 근원적 이치'를 말합니다. 그리고 '근원적 이치'는 곧 '연기법'을 가리킵니다. 우리가 연기법을 제대로 알게 되면 '중도행'을 하지 않을 수 없게 됩니다. 중도행은 '삶의 가장 올바른 길'입니다. 해서 '머리'와 '가슴'을 넘어 '온몸'으로 알게 된다면 우리는 그렇게 살지 않을 수 없게 됩니다. 우리가 그렇게 살지 못하고 있는 것은 그렇게 알지 못하기 때문입니다.

붇다는 "이 연기의 바다는 참으로 깊다. 감히 함부로 들어오지 못한다"고 역설합니다. 하지만 진정한 불제자란 이 바다 속에서 살려고 하는 사람입니다. 그는 이 바다 속에서 자맥질하다가 빠져 죽을 각오를 하는 사람입니다. 그런데 그와 같은 삶을 살기 위해서는 "오늘의 내 모든 성취는 헬 수 없는 사람들의 도움과 협동에 의해 이루어진 것이라는 통찰이 전제되어야" 합니다. 그래야만 "오늘의 내 성취가 있을 수 있도록 도와준 많은 인연들에게 내가 이룬 모든 것을 다 나누어 주려는 서원을 세울 수 있게 되기 때문입니다.

불자의 길은 '발심'과 '서원'으로 요약됩니다. 발심은 '위없이 바르고 평등한 바른 깨침'을 얻으려는 마음입니다. 서원은 자기와의 싸움을 통해 얻은 그 성취를 모든 사람들에게 나누어 주기를 맹서하는 다짐입니다. 즉 불자의 정체성은 자신을 깨침으로 가득 채워가는 발심과 그 깨침을 여러 사람들과 더불어 나눠가는 서원에 있습니다. 그것은 곧 '구심으로 향해가는 지혜의 채움'과 '원심으로 뻗어가는 자비의 비움'으로 겨냥됩니다. 이런 원리를 가득 담은 것이 불경입니다.

우리 거사들과 부인들은 지난 1년간 한 달에 한 번씩 모여서 12권의 불경을 읽었습니다. 불경을 소리 내어 읽는 동안 우리는 인간과 세계의 근원적 이치를 나름대로 터득할 수 있었습니다. 그리고 그 분의 무량한 말씀도 모두 우리들의 상황에 맞게 설해진 것이라는 사실을 알았습니다. 그리하여 구심에서 비롯되는 향하는 '상호 의존의 원리'[緣起]와 원심에서 뻗어가는 '상호 존중의 실천'[中道]이 삶이라는 하나의 원 속에서 행복하게 만날 수 있었습니다. 아울러 우리의 눈이 맑아지고 귀가 밝아질 수 있었습니다.

2010년 5월 1일

始堂居士 삼가 쓰다

거사와 부인이 함께 읽는

불경이야기

차 례

'거사'상과 '부인'상

- 불교적 인간상의 제시 -

1. 호칭과 지칭

인간의 정체성은 '명명'을 통해 확보됩니다. 이름은 그 어떤 무엇과 다른 나만의 것을 나타냅니다. 이를테면 제가 '고영섭'이라고 명명되는 순간 저는 다른 누구와 구분됩니다. 동시에 그와 다른 저 자신만의 고유한 특성을 요청받게 됩니다. 그리하여 저는 동물과 다른 '사람'이자 여자가 아닌 '남자'이며 크리스천이 아닌 '부디스트'이며 상인이 아닌 '학자'로서의 특성을 지니게 됩니다. 때문에 저는 '사람'이자 '남자'이며 '부디스트'이자 '학자'로서의 정체성을 지니게 됩니다.

사람들에게는 여러 '호칭'이 있습니다. 즉 법호, 아호, 당호, 실호, 택호, 본명, 필명, 별명 등이 '그'를 부르는 이름입니다. 호칭은 당사자가 보이는 곳에서 '불러서 일컫는 이름'입니다. 때문에 가장 넓은 의미의 칭호가 됩니다. 이와 달리 여러 '지칭'도 있습니다. 지칭은 당사자가 보이지 않는 곳에서 '가리켜 일컫는 이름'입니다. 여기서 보이는 곳이란 당사자가 의식할 수 있는 공간을 의미합니다. 그리고 보이지 않는 곳이란 당사자가 의식할 수 없는 공간을 가리킵니다.

그러므로 불러서 일컫는 호칭과 가리켜 일컫는 지칭은 '그'를 일컫는 정체성의 다른 이름입니다. 호칭과 지칭에는 어떠한 누구와 다른 나의 고유한 특성이 묻어있습니다. 때문에 호칭과 지칭 같은 '명명'에 의해 붙여지는 이름은 대화상황에서 실제의 자신과 동일한 특성을 가지게 됩니다. 이와 같이 자기 동일성을 일컫는 이름이 다양해질수록 '그'의 내포는 단단해지고 '그'의 외연은 넓어집니다.

불교에서 제시하는 인간상은 매우 다양합니다. 불교의 인간상은 우주관과도 상통합니다. 그 우주관에는 욕망에 붙들려 사는 욕계, 물질에 붙들려 사는 색계, 정신적인 작용에 붙들려 사는 무색계에 상응하는 인간상이 제시되어 있습니다. 그래서 위로는 부처와 보살을 비롯해서 그 아래로는 연각과 성문이 있습니다. 또 그 아래로는 천인-인간-수라-축생-아귀-지옥의 인간상도 있습니다. 이러한 열 가지의 인간상은 불교의 공간관을 보여줍니다. 아울러 수행관을 보여주기도 합니다.

그런데 우리 사회에서 일컫는 호칭과 지칭은 제한되어 있습니다. 부분적이기는 합니다만 지금 불교계에서 일컫는 불교인들의 호칭과 지칭에는 '거사'와 '부인' 및 '법사'와 '선생' 등이 있습니다. 이중에서 '거사'와 '법사'는 더러 쓰입니다만 '부인'과 '선생'은 드물게 쓰입니다. 이러한 불교계의 현실은 우리를 매우 안타깝게 합니다. 왜냐하면 이름과 직분에 상응하는 호칭과 지칭이 많을수록 그 집단의 문화는 풍부해지기 때문입니다.

하지만 불교 경전 속에서 일컫는 불교적 인간상과 현실 속에서 일컫는 불교적 인간상은 큰 차이가 있습니다. 그래서 우리 역사 속에서는 겨우 몇몇 '거사'의 이름들이 전해올 뿐입니다. '부인'의 이름도 겨우 몇몇에 지나지 않습니다. 역사 속에서

약 2만 여명의 '스님'들을 제외한 일반 불자들의 존재가 드러나지 않았던 것은 이러한 자각이 없었기 때문입니다. 동시에 지난 세기 이래 교단 내에서 불교적 인간상에 대한 고민이 부재했던 탓이기도 합니다.

우리 불교계에서 무엇보다도 시급한 일은 불교인의 정체성을 세우는 일입니다. 정체성은 오늘 여기에 자신이 존재하는 이유가 되기도 합니다. 남과 구분되는 나의 특성에 대한 자각과 인정은 서로를 배려하는 대전제가 됩니다. 그러므로 불교를 신행하는 이들이 스스로 거사와 부인, 법사와 선생 등의 호칭과 지칭을 사용할 때 불교문화는 좀 더 대중화될 수 있을 것입니다. 그리하여 일상 속에서 불교적 인간상으로서의 정체성과 인식틀을 지니고 살아갈 때 불교의 영토는 자연스럽게 확장될 수 있을 것입니다.

보살은 문수, 보현, 관음, 지장 보살과 같이 대승불교의 이상적인 인간상입니다. 붇다의 지혜와 덕행, 자비와 원력을 상징하는 대보살들과 같은 삶은 불자들에게 모범이 됩니다. 때문에 지금과 같이 계속 '여성 불자'를 '보살'이라고 칭하게 되면 불보살의 위격과 혼동하게 됩니다. 그리고 여성 불자만을 보살이라고 칭한다면 남성 불자는 보살이 될 수 없게 됩니다. 여성 불자를 일컫는 보살은 '보살이 되라' 혹은 '보살처럼 살아야 된다'는 의미 부여라고 하더라도 마찬가지입니다. 지금 불교계가 사용하는 보살이라는 호칭과 지칭은 불교사에서 사용해 온 '거사'와

'부인'으로 대체되어야 합니다. 그것이 불교의 물리적·심리적 영토를 넓히는 지름길입니다.

2. 불교적 인간상

불교 경전에는 참으로 많은 인간상이 있습니다. 지옥에서부터 붇다에 이르는 열 가지 인간상 뿐만 아니라 불법을 지키는 지킴이들도 있습니다. 그럼에도 불구하고 한국불교계에서는 불교적 인간상의 제시에 대해 크게 자각해 오지 못했습니다. 불교를 평생 동안 믿어도 자신이 어떠한 인간상을 지녀야 되는 가를 알 기회가 없습니다. 불자들 모두가 출가해서 스님이 되어 살 수는 없습니다. 그렇다면 재가에서 살면서 어떻게 사는 것이 불교적 인간으로 사는 것이냐에 대한 물음과 배움이 있어야 합니다.

물론 해당 절 주지스님이 모범이 될 수도 있습니다. 정말로 불교적 인간으로서 모범을 보이며 살고 있는 스님이라면 바로 그 분이 불교적 인간상이라고 할 수 있습니다. 그 절에 다니는 신자들은 자연스럽게 그 스님의 삶과 생각을 닮고 배우려는 노력을 일으키게 됩니다. 그렇게 되면 우리는 저절로 불교적 인간으로서의 삶을 살게 될 것입니다.

그러나 많은 경우 우리 불자들은 그러한 모습을 지니고 살고 있지 못하는 것으로 파악됩니다. 불교를 가르치는 사람들조차도 자신의 삶을 빠뜨린 채 추상적인 교리만을 가르치고 있습니다. 이를테면 내가 직면하고 있는 '사성제'와 '팔정도'의 현실과 이상을 가르칠 때 그냥 '괴로움', '괴로움의 원인', '괴로움의 소멸,' '괴로움의 소멸에 이르는 길'과 같이 주체인 '나'를 빠뜨리고 전하고 있습니다. 그러다 보니 주체는 사라지고 사성제가 대상화되어 전달되는 것입니다. '나의 일생'을 일컫는 십이연기의 경우도 마찬가지입니다.

그러다 보니 교리가 추상으로 흐르게 됩니다. '나'라는 주어와 주체를 빠뜨리고 대상화된 채 전달되는 교리는 여전히 괄호 밖의 현실을 얘기할 뿐입니다. 거기에는 가르치는 이의 주체의식도 없고 듣는 이의 주체의식도 없습니다. 그 순간이 지나면 종전의 기억은 사라지고 모두가 대상화되어 휘발해 버립니다. 그리하여 '그'가 언제 가르쳤고 '내'가 언제 들었는지를 가늠하기 어렵습니다. 교리를 듣는 그 순간이 지나면 그 기억이 모두 백지가 되고 맙니다.

때문에 화자의 주체를 담은 '전달'과 청자의 주체를 담은 '수용'이 무엇보다도 중요한 것입니다. 주체가 사라지게 되면 모든 것이 대상화됩니다. 붇다의 화법은 주체(주어)의 복원을 특징으로 하고 있습니다. 주어(주체)의 복원은 술어(술부)를 주체적으로 규정해 줍니다. 그리하여 주체적인 인간으로 다시 태어나게 합니다. 붇다의 화법의 특징은 바로 여기에 있습니다.

즉 붇다는 자신의 설법을 듣는 청자를 현재의 청자로 살게 하지 않고 새로운 화자로 살게 하는 화법을 쓰고 있습니다. "자, 비구들이여! 전도를 떠나라, 두 사람이 같은 길을 가지 말고 혼자서 가라." 무소의 뿔처럼 홀로 선 수행자가 각자의 길을 갈 때 붇다의 가르침은 보다 널리 전해질 수 있을 것입니다. 그래서 처음도 좋고 중간도 좋고 끝도 좋은 설법을 하는 것입니다.

불교적 인간은 바로 이 대목에서 태어납니다. 그는 붇다를 닮은 인간상입니다. 붇다를 닮고 흉내 내고 따라 배우며 넘어서는 것입니다. 이처럼 불교적 인간은 발심하는 존재이자 서원하는 존재입니다. 그는 '위없이 바르고 평등한 바른 깨달음'을 얻으려는 마음을 일으키는 인간이자, 그러한 깨달음을 얻을 수 있도록 도와준 모든 인연들에게 자기의 성취를 다 돌려주기를 맹서하고 다짐하는 인간입니다.

불교적 인간은 내가 버리지 않은 휴지 한 장을 남의 눈을 의식하지 않고 지속적으로 줍는 존재입니다. 우리는 그를 보살적 인간, 이타적 인간, 즉 '호모 부디스티쿠스'라고 부릅니다. 그런 존재가 많아지는 사회가 극락이고 정토이며 천당입니다. 그는 자기를 넘어서는 어떠한 보편적 원리를 위해 기꺼이 자신의 목숨을 버릴 수 있는 존재이기도 합니다. 그래서 우리는 그를 불교가 제시하는 '불교적 인간상'이라고 부르는 것입니다.

3. 거사와 부인

초기 율장은 집을 떠나 수행하면서 의식주를 빌어 사는 이를 '걸사'(乞士) 혹은 '필추'(苾芻)라고 했습니다. 이들 수행자를 우리는 비구와 비구니라고 부릅니다. 비구와 비구니는 붇다 당시에서부터 내려오는 전통적 호칭입니다. 이와 달리 재가자들은 우파사카(우바새)와 우파시카(우바이)라고 했습니다. 대승경전은 이것을 청신사(선남자)와 청신녀(선녀인)라고 했습니다. 이것을 다시 '거사'(居士)와 '부인'(夫人)이라고 불렀습니다. 여기서 부인은 결혼 유무와 관계없이 여성 불자를 총칭하는 것입니다.

'거사'를 일컫는 '그르하빠띠' 혹은 '가하빠띠'는 붇다 당시부터 '장자' 혹은 '부호' 상인들을 일컫는 호칭이었습니다. 그들 대부분은 불교를 믿고 따랐습니다. 대표적인 인물들이 아난다 핀디카 장자와 욱가 장자 등입니다. 대승경전인 『유마경』에서는 '비말라끼르띠' 혹은 '유마힐' 또는 '무구칭'을 유마 거사로 불렀습니다. 이에 상응하는 『승만사자후일승대방편경방광』에서는 아유타국왕 우칭(友稱)에게 시집간 '슈리말라'를 승만 부인으로 불렀습니다.

그리하여 대승경전에서 본격화한 '거사'와 '부인'은 재가 불자를 일컫는 호칭으로 자리매김 되었습니다. 유마 거사와 승만 부인은 대승불교가 제시하는 가장 구체적인 인간상입니다. 두 경전에 의하면 유마 거사는 법력이 높아 문수보살 등에게 침묵을 통해 불이(不二) 법문을 하는 붇다에 상응하고 있으며, 승만 부인은 재가에 살면서도 수행을 열심히 하여 성불의 수기를 받는 수행자입니다. 여기에서 우리는 아비달마 불교와 달리 대승불교는 출가와 재가의 '가'(家)의 유무에 따라 성불의 유무를 정하지 않았음을 알 수 있습니다.

우리나라에서는 '소성 거사 원효대사'와 '덕만 부인 선덕여왕'이 가장 잘 알려진 모델입니다. 잘 알려진 거사로는 신라시대의 부설 거사(진광세)를 비롯해서 고려시대의 청평 거사(이자현), 조선시대의 월창 거사(김대현), 이침산 거사(경허 당시), 대한시대의 백봉 거사(김기추), 종달 거사(이희익), 무애 거사(서돈각), 불연 거사(이기영) 등이 있습니다. 부인으로는 승만 부인(진덕여왕), 육영수 부인(영부인), 박주선 부인(정치인), 김경한 부인(법련사 기증), 김영한 부인(길상사 기증), 명원 부인(김미희, 차인) 등이 있습니다. 하지만 불교적 인간인 거사와 부인의 통계는 아직 온전히 집계되어 있지를 못합니다.

이러한 집계가 없다는 것 자체가 불교적 인간인 거사상과 부인상에 대한 조망이 없었음을 그대로 보여주고 있습니다. 불자들 저마다가 글을 쓰거나 평상시 말을 할 때 스스로 '○○거사' 혹은 '○○부인'으로 부르고 일컫는 노력이 필요합니다. 『금강경』 등의 경전에서 무수히 등장하는 '장로'라는 호칭(또는 지칭)을 1972년 조계종 '장로원'이 '원로회의'로 바뀌자마자 개신교계에서 쓰면서 이제는 개신교 용어처럼 되었습니다.

원불교는 '교무'라는 호칭을 일반화하고 있습니다. 진각종은 '정사'라는 호칭을 쓰고 있고, 기독교계는 '목사' 뿐만 아니라 '장로', '집사', '권사' 등의 호칭과 지칭을 만들어 쓰고 있습니다. 이에 비해 불교는 '거사'와 '부인'이 일반화되고 있지 못합니다. 뿐만 아니라 조계종에서는 '법사'조차도 공식적으로 사용하지 못하게 하고 있습니다. '군법사'와 '교법사' 혹은 '포교사'로만 겨우 쓸 수 있을 뿐입니다. 결국 이러한 현실에 의해 불교의 물리적 영토와 심리적 영토가 점점 위축되어 가고 있습니다.

만학의 제왕이었던 철학이 미학과 윤리학 및 종교학 등에게 봉건영주에게 영토를 분봉해 주듯 영지를 나눠주다 보니 남은 영토가 줄어들었음을 반성하고 있듯이, 이제는 불교문화의 회복을 위해 언어와 문화 영토의 분봉으로 탈영토화 된 불교의 영토를 재영토화해야 합니다. 불교의 영토는 불교 언어와 문화 영토의 수호로부터 시작되어야 합니다. 언어의 영토를 지키지 못하면 물리의 영토도 지키지 못하게 됩니다. 우리의 역사 속에서 자리해 왔던 '유구'(오끼나와섬)나 '대마도'의 경우처럼 말입니다.

'대자대비하신 예수님!', '자, 이제 축원합시다!' 등의 용어들이 교회 예배와 성당 미사 등에서 일반화되는 현실을 단지 '불교 언어의 수출'이라는 차원에서만 볼 수 있겠습니까? 자산에는 자본과 부채가 함께 들어있습니다. 하지만 무역에도 역조가 있듯이 자본금을 까먹으면서도 수출만을 일삼는다면 언젠가

부도가 날 것입니다. 새로운 자본의 창출을 위해 고민하듯이 새로운 언어문화의 창출을 위해 불교계가 좀 더 깊이 있게 고민하지 않으면 아니 됩니다. 그런 점에서 불교적 인간상의 정체성을 담고 있는 '거사'와 '부인'의 호칭과 지칭은 일반화되어야 합니다.

4. 선생과 법사

출가를 하지 않은 재가자에 대한 가장 포괄적인 호칭과 지칭은 '거사'와 '부인'입니다. 즉 거사와 부인은 재가에 머물며 불교를 신행하는 불교적 인간입니다. 이와 달리 선생과 법사는 거사와 부인과는 위격이 다른 호칭이자 지칭입니다. 선생은 '퇴계선생', '율곡선생', '다산선생'과 같이 스승의 역할을 한 분들을 일컫는 호칭(지칭)입니다. 이것은 '선생님'이란 존칭을 객관화시켜 '님'을 빼고 일컬은 것입니다.

만해를 '선생'이라고 해야 하느냐 '선사'라고 해야 하느냐고 논란을 한 적이 있습니다. 일찍이 그는 결혼을 한 뒤 출가를 했고 불교의 포교를 위해 승려들의 취처를 허용해달라고 조선총독부에 건백서까지 냈습니다. 그러다 보니 정통 비구 승단에서 만해는 도외시되었습니다. 하지만 문단과 재야 등에서 '만해선생'으로 알려지면서 '만해'는 전국적인 인물로 거듭났습니다. '만해축전'에서 기획한 '만해대상'을 시상하면서 만해는 국제적인 인물로 부각되었습니다.

이렇게 되자 비구승단 내부에서도 만해를 '선사'로 일컬어서 되찾아와야 된다는 자성이 일고 있습니다. 만해의 경우에서 보듯이 불교 전통에서는 법적인 '결혼의 유무'가 여전히 가장 큰 문제가 되고 있습니다. 구한 말 일본 일련종 승려 사노젠레이(佐野前勵)의 건의에 의해 도성입성금령이 해제되면서 시작된 취처 문제는 일제 식민지 시대 내내 문제가 되었습니다. 뿐만 아니라 해방 이후에는 일제 잔재 청산이라는 이름 아래 그 문제로부터 비구-대처 분규가 일어나면서 한국불교는 만신창이가 되었습니다.

여타 종교의 소극적 청산과 달리 불교계는 과도하게 일제 잔재를 청산하면서 큰 댓가를 치렀습니다. 그 상처와 후유증이 오늘의 한국불교에 고스란히 남아 있습니다. 그 핵심에는 '결혼' 문제와 더불어 '종권'의 문제가 개입되어 있습니다. 인류사에서 '정치'와 '성'의 문제는 언제나 함께 해 왔습니다. 종교계라고 해서 예외일 수는 없습니다. 불교계는 이 두 주제로부터 자유롭기 때문에 도덕성이 생겨나오기도 했지만, 한편으로는 이들 주제로부터 부자유함으로써 도덕성을 떨어뜨리기도 했습니다.

만해(한용운)와 효당(최범술) 등은 '스님'이라는 호칭보다는 '선생'이라는 지칭이 익숙합니다. 이 두 사람은 누구보다도 역사의 한복판에서 살았기 때문입니다. 출가자이면서 역사의 한복판에서 살았다는 것은 많은 것을 시사해 줍니다. 정치와 성의 문제로부터 자유로웠던 불교인이면서도 시대의 한복판에서 역사의 문제를 껴안고 살았기 때문입니다. 결혼의 문제는 당사자의 의식이 문제입니다. 수행자로서의 위의를 지키는데 있어 결혼 유무가 문제가 되느냐 되지 않느냐는 매우 중요한 사안입니다. 당사자 스스로가 출가자 또는 재가자로서의 정체성을 분명히 하지 않는 경우 그를 어떻게 규정해야할 것이냐가 문제가 되기 때문입니다.

20세기 한국불교계의 출가자 다수가 외국 유학 이후 환속하여 결혼했습니다. 환속하여 결혼하여 사는 이들의 성격을 어떻게 규정해야 하느냐에 20세기 한국불교의 정체성 확립 여부가 달려있습니다. 이들을 '법사'로서 수용할 것인지 아니면 그냥 '선생'으로 일컬을 것인지 고민해야 합니다. 동시에 이들에게 '속성'(俗性)을 붙여 부를 것인지 아니면 아호 혹은 법호에 '선생'을 붙여 부를 것인지가 여전히 정리되어 있지를 못합니다. 불교 교단은 이 문제의 해결에 대해 깊이 고민해야만 합니다.

당시의 지성이자 지도자였던 만해(한용운), 퇴경(권상로), 지암(이종욱), 포광(김영수), 응송(박영희), 효당(최범술), 범산(김법린), 백성욱, 뇌허(김동화), 효성(조명기), 법운(이종익) 등을 출가자로서 규정해야 하는지 아니면 '법사' 혹은 '선생'으로 일컬어야 하는지 아직 정리가 되어 있지 않습니다. 이 문제는 20세기 한국불교를 이해하는 주요한 잣대입니다. 동시에 21세기 한국

불교를 밝혀나갈 지남이 되기도 합니다. 그러므로 '거사'와 '부인'의 호칭과 지칭을 통해 불교적 인간을 세우고 한국불교의 외연을 확장하는 일이 급선무가 되는 것입니다. 나아가 불자들은 불경읽기를 통해서 불교의 세계관으로 살아가는 불교적 인간이 될 것입니다.

1월의 경전 — 아함경

모든 경전의 기본

불제자들 다섯 부부가 모였습니다. 평소 친분이 있는 이들은 바빠서 한동안 함께 하지를 못했습니다. 오랜만에 만난 이들 중의 한 거사가 제안했습니다. "우리들은 오랫동안 절에 다녔지만 부처님 말씀을 제대로 접할 기회가 없었습니다. 이제부터는 법회에서 법사가 설해주는 경전을 듣기만 할 것이 아니라 '불경읽기모임'을 만들어 우리가 직접 경전을 읽어보는 것이 어떨까요?" 다섯 부부 모두가 동의를 했습니다.

"우선 한 달에 한 경씩 읽어오기로 합시다. 그런 뒤에 한 가족씩 책임지고 발제해 온 것을 중심으로 소리 내어 읽어가도록 하지요. 그렇게 하면 장례식 때 여타 종교의 공격적인 친절 공세에도 우리 믿음이 흔들리는 일은 없을 것입니다. 만남은 매월 1회씩 하기로 하고, 장소는 월간 『불광』지가 어떨까 합니다." 한 거사의 제의에 거사들과 부인들은 좋은 제안이라며 각자 발심했습니다.

이들은 종래의 등산과 골프 모임 대신 불자로서의 정체성과 인식틀을 세우는 방법을 고민했습니다. 우선 불자로서의 정체성을 세우기 위해 불교가 제시하는 인간상인 '거사'와 '부인'을 호칭과 지칭으로 쓰기로 했습니다. 불교 전통의 '유마거사 비말라끼르띠'와 '승만부인 슈리말라'를 '소성거사 원효'와 '덕만부인 선덕'으로 옮겨낸 우리 선조들처럼 말입니다.

이들은 서로 청화거사 – 정여부인, 만산거사 – 덕만부인, 도오거사 – 승만부인, 환정거사 – 공덕부인, 시당거사 – 민락부인의 법명을 소개했습니다. 법명 사용은 불제자로서의 정체성을 확립하고 인식틀을 확보하는 지름길이라고 보았기 때문입니다. 그리고 매월 불경 성립사를 중심으로 주요 경전을 한 종씩 읽어 나가기로 했습니다. 먼저 1월 달에는 근본경전인 『아함경』군을 읽기로 했습니다.

청화거사 : "우리가 잘 아는 『숫타니파타』와 『법구경』은 가장 오랜 경전들입니다. 그런데 이들 경전은 '잠언' 혹은 '시구'로 된 단편적인 경전이지요. 이와 달리 『아함경』군은 가장 오래된 '경전의 무리'[群]입니다. '아함'(阿含)은 '아급마'(阿笈摩), '아가마'(阿伽摩), '아함모'(阿含暮)로 음역되었고, '전'(傳, 諸佛이 전한 교설), '교'(敎, 진리), '법귀'(法歸, 모든 선이 돌아가는 곳)로 번역되었어요. 이들 중 '차례차례 이어받는'이란 의미를 지닌 '전'은 '제불이 전한 말씀'이란 뜻입니다. 그러니까 종래처럼 '아함'을 '전승되어 온'으로 푼 것은 '전'의 뜻을 옮긴 것이지요. 한문으로 번역된 『아함경』군에는 네 부류가 있습니다."

정여부인 : "네 가지라면 어떤 것이 있나요?"

청화거사 : "경전의 길이가 긴 『장아함경』, 중간 길이의 『중아함경』, 아주 길지도 중간 길이도 아닌 짧은 길이의 『잡아함경』, 진리의 숫자인 법수를 늘려가며 편집한 『증일아함경』입니다."

덕만부인 : “그렇다면 『아함경』군은 ‘편집’의 뜻을 지닌 남방의 『니카야』(尼柯耶) 군과는 내용이 같은 것인가요?”

청화거사 : “참 좋은 질문입니다. 부처님의 가르침은 인도에서 네 차례의 경전편집회의인 ‘결집’(結集)을 거쳐 전 세계에 전해졌지요. 첫 번째와 두 번째는 구전으로만 전해졌고 세 번째 결집 때 비로소 문자화되었습니다. 『니카야』 군들은 주로 산스크리트보다 널리 알려진 국제적 통용어인 마가다어와 속어인 쁘라끄리띠어에서 파생되어 현재의 빨리어로 간행되었지요. 때문에 『니카야』군은 남방의 기후와 토양 및 문화와 언어 등에 맞게 번역되었습니다. 북방으로 전해진 『아함경』군은 불타야사(長, 413년), 승가제바(中, 398년), 구나발타라(雜, 433년), 승가제바(增一, 384년) 등과 같이 인도와 서역 등의 승려들에 의해 번역되었지요. 위진 남북조 시대에 번역된 이들 경전들은 과도기의 번역인 격의(格義)불교를 거친 뒤에야 비로소 본의(本義)불교로 자리매김 될 수 있었으니까요. 그리고 격의불교의 과정에서 주관적인 편집과 착간 및 삭제도 있었습니다. 때문에 『아함경』군과 『니카야』군은 ‘상응’(수반)하기는 하지만 ‘동일’(일치)하다고는 할 수 없지요. 해서 이들 두 경전군의 차이들은 불교학자들의 연구주제로 남아 있습니다.”

승만부인 : “『아함경』군에는 어떤 내용이 설해져 있나요?”

청화거사 : "불교의 핵심 교설로 알려진 '중도'와 '연기'에 대한 내용이 중심입니다. 이를테면 그물은 벼리(綱)와 망(網)과 목(目)과 추(錘) 등으로 되어 있지요. 불교라는 그물 역시 중도와 연기라는 벼리로부터 중중(세로)으로 쌓아가고 무진(가로)으로 뻗어갑니다. 그래서 중도와 연기의 벼리를 잡아당기면 불교 전체가 따라 오게 됩니다. 마치 고기를 잡을 때 삼각형 모양과 같은 이 벼리를 잡아당기면 '망'과 '목'과 '추' 전체가 딸려 오는 것처럼 말이지요."

공덕부인 : "좀 더 구체적으로 얘기를 해 주시지요."

청화거사 : "중도 연기의 기호를 활짝 펼쳐보면 잘 알 수 있어요. 중도는 불설의 핵심입니다. 이 중도는 이론과 실천으로 나눠 볼 수 있지요. 이론(사상)적인 측면은 '연기설'로 표현되며 대표적인 것은 십이연기입니다. 실천(수행)적인 측면은 '불고불락'(不苦不樂)으로 언표되며 대표적인 것은 팔정도이지요. 그런데 이 중도는 사상적으로는 '만들어진 것은 변화한다'[諸行無常]와 '나라고 할만한 것이 없다'[諸法無我]의 십이연기로 인식됩니다. 수행적으로는 '열반은 고요하고 평정하다'[涅槃寂靜]의 팔정도로 실천되어 삼법인으로 귀결되지요."

민락부인 : "『아함경』군의 핵심내용을 더 세부적으로 설명해 주실 수 있나요?"

청화거사 : "『아함경』군은 불교의 근본교리를 삼법인(三法印)과 사성제(四聖諦)와 팔정도(八正道)와 십이연기(十二緣起)와 오온(五蘊)과 십이처(十二處)와 십팔계(十八界)를 중심으로 설하고 있습니다. 이것을 실제에 적용해 보기로 하지요. 알다시피 연기된 오온은 주어(주부)입니다. 이 오온에 상응하는 것은 무상(無常) – 고(苦) – 공(空) – 비아(非我)는 술어(술부)입니다. 그러니까 지수화풍(地水火風)이 지니고 있는 개체적 요소[견고성, 습윤성, 온난성, 유동성]와 그것의 총체적 요소[四大所造色法]로 이루어진 육신인 색(色), 감수 혹은 감각 작용인 수(受), 표상 혹은 지각 작용인 상(想), 의지 혹은 형성 작용인 행(行), 인식 혹은 분별 작용인 식(識)의 임시[假] 화합으로 이루어져 있지요. 이 오온은 끊임없이 변화하고, 괴롭고, 실체가 아니어서, 나라고 할 만한 것이 없습니다. 여기에 입각한 수행법이 신(身) – 수(受) – 심(心) – 법(法)의 사념처(四念處)이지요. 즉 나의 몸이 무상하고, 나의 느낌이 괴롭고, 나의 마음이 무상하고, 나의 존재는 나라고 할 만한 것이 없다고 바르게 관찰하는 것입니다."

도오거사 : "그렇다면 『아함경』군은 그와 같은 기본 교리를 전체의 경전에 깔고 설해진 경전인가요?"

청화거사 : "그렇습니다. '아함경'군은 모든 경전의 기본이 됩니다. 그리고 '오온은 무상하고, 괴롭고, 실체가 아니고, 나라고 할 만한 것이 없다'는 기본 교리는 이후 발전된 모든 교리의 원천이 되지요. 이 때문에 『아함경』의 완성이 대승경전이고 대승경전의 시작이 『아함경』이라고 말하는 것입니다."

만산거사 : "원효대사는 자신의 교판을 삼승별교(三乘別教)와 삼승통교(三乘通教) 및 일승분교(一乘分教)와 일승만교(一乘滿教)로 나누었습니다. 삼승별교에는 『아함경』군의 '사제'와 '연기'를 자신의 교리적 근거로 삼았습니다. 이때 '사제'와 '연기'를 '경전'으로 보아야 합니까? 아니면 '개념'으로 보아야 합니까?"

청화거사 : "대단히 구체적인 질문이군요. 원효의 교상판석(教相判釋, 가장 뒤에 설해진 경전이 제일 위에 오르는 것처럼 자신의 소의 경론을 제일 높이는 분류법)을 자세히 살펴보면 '사제'와 '연기'는 개념이기보다는 '경전'을 일컫는 것으로 보입니다. 그리고 '사제경'과 '연기경' 역시 주로 '사제'와 '연기'개념에 대해 설명하고 있어 특별한 차이는 없지요."

만산거사 : "원효대사가 삼승별교에다 '아함경'군을 설정했다는 것은 '사제경'과 '연기경'이 '아함경'군의 대표적인 경전이라는 것을 의미하는 것으로 보입니다. 그렇다면 '사제경'과

'연기경'은 어떠한 가르침을 설하고 있습니까?"

청화거사 : "사성제는 지금 우리가 괴롭다면 그 괴로움이 어디에서 비롯되었는지를 생생하게 분석해주는 교리입니다. 즉 '고통의 모습'[苦]과 '고통의 원인'[苦習]을 일컫는 유전(流轉)연기와 '고통을 소멸한 모습'[苦習滅]과 '고통을 소멸하는 방법'[苦習滅道]을 일컫는 환멸(還滅)연기를 통해 고통에 빠지는 인과와 망상과 집착을 돌이켜 성불을 깨닫는 인과를 밝힌 것이지요. 다시 말해서 사성제는 '성자가 본 진리'(此聖者所見眞理)입니다. 그래서 『사성제경』은 이렇게 설하지요. '마치 모든 짐승들의 발자국 가운데에서 코끼리의 발자국이 제일이 되는 것과 같느니라. 왜냐하면 그 코끼리의 발자국은 가장 넓고 크기 때문이니라. 그러므로 여러 현자들이여! 헤아릴 수 없을 만큼 좋은 법인 그 일체의 법은 사성제 안에 거두어 줄여지게 되어 사성제 안으로 들어온다. 그러므로 사성제를 일체의 법 중에서 가장 으뜸이 된다고 하느니라.' 또 『중아함경』「전유경」에서는 14가지 희론[戱論, 현실에서 해결할 수 없는 치우친 소견]을 물은 만동자 비구에게 한결같이 '말하지 않을 것'과 '말할 것'으로 구분한 뒤에 말할 것을 '사성제'로 비정하고 있습니다. 그리고는 사성제는 1) 이치에 맞고[義相應], 2) 법에 맞으며[法相應], 3) 범행의 근본이고[梵行本], 4) 지혜로 나아가며[智趣], 5) 깨달음으로 나아가고[覺趣], 6) 열반으로 나아가기[涅槃趣] 때문이다'고 말하지요."

환정거사 : "그러면 『연기경』은 어떠한 내용을 설하고 있습니까?"

청화거사 : "『연기경』은 고통 발생의 연기[流轉緣起]와 고통 소멸의 연기[還滅緣起]를 순관(順觀)과 역관(逆觀)으로 설명해 주고 있지요. 『연기경』은 '이것이 있음으로 말미암아 저것이 있고 / 이것이 생겨남으로 말미암아 저것이 생긴다/ 이것이 없음으로 말미암아 저것이 없고/ 이것이 사라짐으로 말미암아 저것이 사라진다'고 말합니다. 또 '비구들이여! 연기란 무엇인가. 비구들이여! 생이 있는 것으로 말미암아 노사가 있느니라. 이 사실은 내가 세상에 나오든, 안 나오든, 법으로서 확정되어 있는 것이다. 그것은 상의성(相依性, 此緣性, 이것에 의하여 존재하는 성질)이다. 나는 이를 깨닫고 이를 이해하였다. 이를 깨닫고 이를 이해하였기에 이를 가르치고 선포하고 설명하고 나타내고 분별하고 명백히 하여 '너희들은 마땅히 보라'고 말하는 것이니라'고 설합니다. 나아가 연생법(緣生法)과 연멸법(緣滅法)의 의미에 대해 의식[識]이 명(名)과 색(色)을 말미암는다고 말합니다. 이것을 이해시키기 위해 '갈대 비유'를 원용하지요. '비유하면 마치 세 개의 갈대가 빈 땅에 서려면 끊임없이 서로 의지해야 설 수 있는 것과 같이, 만일 그 하나를 버리면 둘은 서지 못하고 만일 둘을 버리면 하나도 서지 못하므로 계속해서 서로 의지해야 설 수 있습니다. 의식[識]이 개념[名]과 존재[色]를 인연하는

것도 또한 이와 같아서 끊임없이 서로 의지해야 자라날 수 있습니다.'"

'성자가 본 진리'이자 '범부가 갈 진리'인 '사성제'와 연생의 원리와 연멸의 원리인 연기법에 대해 설하고 있는 『아함경』군은 불교의 기반을 이루고 있습니다. 이를테면 『아함경』군의 하층 기단부로부터 『금강경』과 『반야심경』 및 『법화경』과 『해심밀경』의 상층 기단부 그리고 탑신부인 『유마경』과 『승만경』 및 『능가경』과 『능엄경』과 그 위에 놓인 상륜부의 『화엄경』과 『육조단경』과 『천수경』으로 이어집니다.

이처럼 『아함경』군은 불탑의 하층 기단부이자 사찰 공간의 일주문에 해당합니다. 때문에 '나'[我]와 '나의 것'[我所]이 있다는 생각에서 벗어날 때 비로소 자유로워질 수 있다고 역설하고 있습니다. 남한과 북한, 잘 사는 이와 못 사는 이, 이 종교와 저 종교, 이 지역과 저 지역을 넘어 대립의 고통에서 벗어나는 길은 어디에도 앞의 이항과 같은 고정된 실체는 없다는 사실의 자각이 됩니다. 『아함경』군은 문제에 대한 자각[苦]－진단[集]－치유[滅]－처방[道]의 공식을 제시하는 '사성제의 실천'과 문제의 비실체성에 대한 통찰인 '연기법의 이론'을 함께 보여주고 있습니다. 그리하여 모든 고통의 원인인 '고정 관념'이나 '잘못된 정보'로부터 벗어날 것을 역설해 줍니다.

'구슬이 서말이라도 꿰어야 보배'라는 말이 있습니다. 아무리 좋은 보석이 있더라도 우리 불자들의 의식에 꿰어내지 못하면 무용지물입니다. '불경'에서 '불'은 '진리에 눈을 뜬 분'입니다. '경'은 '그 분의 말씀'입니다. 즉 꽃을 꿰어 화환을 만드는 것처럼 온갖 이치를 꿰어 흩어지지 않게 하는 것입니다. 그러니까 불경은 눈을 뜬 분의 말씀이자 이치입니다. 그런데 그 이치의 길은 깊고 그윽합니다. 그 길을 따라가지 않고는 깊이와 너비를 확인할 수 없습니다. 그래서 우리는 한 해 동안 이 '경전의 길'과 '지혜의 길'을 걸어보기로 했습니다.

2월의 경전 — 금강경

여래 마음자리의 요문

대대로 불자 집안이었던 어느 종가집의 가장은 연이어 돌아간 할머니와 아버지 영가들을 위해 절에서 사십구재를 시작했습니다. 마침 그 절 주지스님이 사십 구일동안 『금강경』을 읽도록 권했습니다. 그는 '여래 마음자리의 요문'이자 존재에 대한 '무분별'과 '무주착'과 '무소유'의 가르침을 제시해 주는 『금강경』을 읽기 시작했습니다. 이 이야기를 전해들은 우리 도반들도 이 달에는 탑의 하층 기단부이자 절의 천왕문에 해당하는 『금강경』을 읽기로 하고 주말법회에 나왔습니다.

도오거사 : "근본불교와 부파불교에 이어 기원 전 1세기와 기원 1세기 전후에 대승불교가 일어났습니다. '불탑신앙의 흥기'와 '불전문학의 탄생'과 '대승경전의 성립'이 새로운 계기를 마련했지요. 대승불교의 기원에 대해 일본학자 히라가와 아키라 교수는 1) 재가자들에 의해, 사사키 시즈카 교수는 2) 출가자들의 주도에 의해 이루어졌다고 보았습니다. 또 미국의 손 헤비슨 교수는 3) 선정수행을 주도했던 명상가들에 의해, 대만의 채요명(蔡耀明)교수는 선정수행만을 했던 이들이 아니라 4) 육바라밀 수행을 했던 이들이 주역이라고 했지요. 그러면서도 채 교수는 대승경전과 대승을 일으킨 사람들이 넓게 퍼져 있어 그것을 잘 구분하는 것이 중요하고, 계층을 구분해 볼 때 석가모니에서 대승이 기원했다고 생각하고 있습니다."

덕만부인 : "네 설 중 어느 설이 가장 정합성이 있는지요?"

도오거사 : "각 설마다 논리적 근거가 있어요. 저는 히라가와 아키라와-사사키 시즈카 설을 종합해야 한다고 봅니다. 처음 대승불교를 일으킨 주체들은 재가자였지요. 당시 부파불교의 출가자들이 '자기의 깨침'과 '존재의 분석'에만 집중했습니다. 때문에 종교의 존재 이유인 재가자들의 구원 문제에 소홀했습니다. 결국 재가자들은 붇다(기원전 624~544)의 사리를 모신 벌판의 불탑을 향해 일곱 가지 보배[七寶]로 보시·공양·공경·예배를 했습니다. 당연히 모든 보시물들이 이곳에 집중되기 시작했지요."

공덕부인 : "그 보시물들은 재가자들이 관리했겠군요."

시당거사 : "그렇습니다. 출가자들은 고요한 승원에 앉아서 윤회의 주체를 상정했습니다. 그런데 윤회의 주체로 상정한 미세한 물질이 실체 인정의 혐의가 있다는 비판을 받았어요. 해서 그들은 존재의 분석에 더욱 집중했습니다. 그러자 교단의 시주물은 줄어들었고 보시함은 텅텅 비었습니다."

만산거사 : "그래서 출가자들은 불탑신앙에 관심을 가지기 시작했군요?"

도오거사 : "네. 때마침 대승경전인 반야부 경전이 성립되기 시작했습니다. 출가자들은 『금강경』의 사구게처럼 '무릇 형상을 지니고 있는 것은/ 모두 허망한 것이니/ 만일 모든 형상을 진실한 형상이 아닌 것으로 보면/ 곧 여래를 보게 되느니라'라는 구절을 원용했습니다. 여기에서 주목할 것은 붇다의 진신인 사리조차도 이미 형상을 지닌 것이니 허망한 것이라는 것이지요."

승만부인 : "그러면 무엇이 진실한 형상입니까?"

도오거사 : "존재의 진실상은 '공의 덩어리'[空聚]라는 것입니다. 출가자들은 불탑을 향해 칠보로 보시 · 공양 · 공경 · 예배하더라도 『금강경』 사구게 하나를 다른 사람에게 전해주는 공덕에 미치지 못한다고 가르치기 시작했지요. 그들은 이른바 '공덕사상'의 제창을 통해 벌판에 서 있던 불탑을 고요한 승원 안으로 옮겨갔습니다. 그리고는 사리 대신 경전을 봉안하기 시작했지요. 이것이 곧 '경권(경전)신앙'의 제창인 것입니다."

만산거사 : "그래서 주체의 변환이 온 것이군요."

도오거사 : "그렇습니다. 7세기 현장(602~664)법사가 인도에 17년(629~645)다 돌아와 구술한 『대당서역기』(제자 辨機 기록,

12권)에는 당시의 신행이 소승 6할, 대승 2할 4푼, 대소승 이 1할 6푼이었다고 합니다. 이렇게 본다면 인도불교의 역사는 부파불교 이래 7세기까지만 해도 아비달마(소승)불교 중심의 역사였음을 알 수 있지요. 그리고 재가자들은 대승불교의 주역이기는 했지만 아비달마불교 1100여 년(기원전 444~기원 645)의 역사 속에서 겨우 100여 년 전후의 주도에 지나지 않았던 사실도 알 수 있지요."

공덕부인 : "그렇게 긴 기간 중 겨우 100여 년 정도 재가자들이 주도했을 뿐이기에 출가주도설이 나오는 것이군요."

도오거사 : "현장 기록에 근거해서 재가주도설(히라가와)과 출가주도설(사사키)을 종합해보면 그렇다는 것입니다. 손 헤비슨과 채요명의 주장은 위 두 설의 재가자 주도설을 지지합니다만 정합성이 떨어지는 것으로 보입니다."

시당거사 : "그러면 반야부 경전에서 『금강경』은 언제쯤 성립된 것입니까?"

민락부인 : "대승경전 중 제일 먼저 성립한 반야부 중 『금강반야경』은 『대반야경』 600권 속의 제9회 577권인 『능단금강분』입니다. 이것을 독립시킨 것이 『금강반야바라밀경』이지요. 이 경

전에는 대승불교의 주요술어인 '공' 개념이 전혀 나타나지 않습니다. 또 대승보살의 생활과 수행에 관해 서술하면서도 '보리심'(bodhicitta)이라는 용어가 단 한 번도 나타나지 않아요. 더욱이 경전 속에 기술된 '이 이상 없는 올바른 깨달음을 향해 마음을 일으킨다'는 표현은 근본불교 이래 사용되는 정형적 표현일 뿐 대승불교 특유의 것이 아닙니다. 이러한 몇 가지 이유로 해서 이 경전은 대승적 색채가 엷은 대승 초기 성립 경전이라고 할 수 있지요."

정여부인 : "이 경전의 핵심 메시지는 무엇인지요?"

덕만부인 : "'금강'(vajra)은 본디 무엇이든지 '자를 수 있는'(能斷, cchedika) '가장 강한 쇠'(今金中最强, vajra)를 뜻하며, '반야'는 우리의 집착과 무지를 '벽력같이 내려치는 지혜'를 말합니다. 해서 경이름은 '무엇이든지 자를 수 있는 금강과도 같은 지혜'가 되지요. 구역 삼장 달마급다(達磨笈多)의 『능단반야경』과 신역 삼장 현장(玄奘) 및 의정(義淨)이 번역한 『능단금강반야경』은 이를 뒷받침해 줍니다. 오랫동안 쌓아온 무지 장애[所知障]와 번뇌 장애[煩惱障]를 깨뜨리려면 금강저(金剛杵)와 같은 굳센 방망이가 필요하지요. 한 걸음 더 나아가 이제 방망이에도 집착하지 않으려면 그 '금강조차 잘라낼 수 있는' 금강 지혜의 칼이 요청되는 것입니다."

청화거사 : "이 경전의 메시지인 증폭되는 '금강'과 '지혜'의 강력한 이미지는 실체에 머무르려고 하는 우리의 인식을 타파하려는 투철한 부정정신이기도 하군요."

도오거사 : "우리는 자기에 대한 부정과 존재에 대한 부정 위에서 비로소 커다란 자유를 성취할 수 있지요. 이 경전이 유정들의 존재방식을 세세히 설하는 것도 이 때문입니다."

정여부인 : "실체에 대한 부정 때문에 '공'에 상응하는 '여섯 가지 비유'의 이미지를 원용하고 있군요?"

만산거사 : "그렇습니다. '공'이라는 말을 한 번도 쓰고 있지는 않지만 '공'에 상응하는 '허망'(虛妄)이란 말은 쓰고 있습니다. 그리고 '허망'에 대응하는 '꿈'[夢], '허깨비'[幻], '물거품'[泡], '그림자'[影], '이슬'[露], '번개'[電] 등과 같은 비실체적 존재의 이미지를 통해 공사상을 보여주고 있지요."

환정거사 : "『금강경』에서 사구게는 몇 종이 나와 있습니까?"

도오거사 : "게송은 게야[偈]와 가타[頌]의 종합입니다. 동양의 문예비평서인 유협의 『문심조룡』에 의하면 운문은 4언 이든 5언 이든 7언 이든 기승전결 4구가 모두 1송입니다. 이 경전에

는 「여리실견분」(제5분, 轉句 破格), 「장엄정토분」(제10분), 「법신비상분」(제26분), 「응화비진분」(제32분)의 4게송이 있습니다. 32부분으로 나눈 분단(分段)과 5글자로 응축한 제명(題名)은 중국 남조의 호불 황제 양무제(464~549)의 아들인 소명태자(501~531)가 한 것이지요."

민락부인 : "이 경전에는 유정(有情)의 출생방식에 대한 인도 고유의 분류[九類衆生]를 다시 '사생'[四生]과 '이색'[二色]과 '삼상'[三想]의 세 범주로 묶어 해명하고 있지요. '사생'은 포유류처럼 '태에서 나거나'[胎生], 조류처럼 '알에서 나거나'[卵生], 미생물이나 작은 곤충처럼 '물이 고인 습한 곳에서 나거나'[濕生], 천상이나 지옥의 중생 또는 죽은 뒤의 존재처럼 '천상이나 허공이나 일정한 방식에 의탁하지 않고 형태가 없이 어떠한 변화에 의해 생겨나는 것'[化生]이지요. '이색'은 '형태를 가진 생물'[有色]과 '형태가 없는 생물'[無色]이고요. '삼상'은 '오관의 감관을 지닌 존재들'[有想]과 '오관의 감관을 지니지 않은 천상의 존재들'[無想]과 '물리적인 오관의 감관을 지녔다고도 지니지 않았다고도 말할 수 없는 드높은 존재들'[非有想非無想]입니다. 또 바라문교에서 말하는 어떠한 고정적인 실체로서의 아뜨만에 대한 생각[我想]의 부정, 부파불교 독자부의 '오온도 아니고 오온을 떠나서 존재하는 것도 아닌' 비즉비리온(非卽非離蘊)으로

서의 존재에 대한 생각[人想]의 부정, 존재를 유정과 무정으로 구분하는 생각[衆生想]의 부정, 자이나교의 순수 영혼인 지바[Jiva, 命] 또는 지바아뜨만[Jiva－atman, 命我]에 대한 생각[壽者想]의 부정을 통해 실체적인 인식의 접근을 철저히 타파하고 있지요. 이처럼 『금강경』은 반야부 경전 성립 당시의 주요 종교 또는 학파였던 바라문교(힌두교), 자이나교, 부파의 독자부, 초기 대승의 유정・무정론까지 비판 반성하고 있습니다. 때문에 이 경전의 사상(四相)은 연기・무자성・공성의 인식틀 위에서 정립된 무아철학의 다른 표현이라고 할 수 있지요."

공덕부인 : "그런데 이 경전에서 말하는 '즉비(卽非)~시명(是名)'의 논리를 적극적으로 인용하는 이유는 어디에 있는지요?"

도오거사 : "'즉비~시명'의 논리는 이 경전의 특장입니다. 경전은 생명과 생명체의 분류 위에서 이들의 모양과 이들에 대한 분별과 집착과 소유의 생각들을 깨뜨리기 위해 다시 강한 논리 형식을 부가하고 있지요. 즉 긍정[有], 부정[無], 긍정종합[亦有亦無], 부정종합[非有非無]의 4구와 이것을 더 펼친 '백비(百非)의 논리' 위에서 '즉비~시명'의 논리를 적극적으로 원용합니다. '부처님이 설한 반야바라밀은 곧 반야바라밀이 아니며 그 이름이 반야바라밀이다'고 하거나 '일체의 모든 상을 떠난 자를 곧 이름하여 부처님이라 하기 때문이다'고 언급하는 대목에서 잘

나타나고 있지요.”

민락부인 : “그 같은 부정은 보다 강한 긍정을 내오기 위한 논리방식인지요?”

도오거사 : “예. ‘즉비’는 대상에 대한 부정으로 끝나는 것이 아니라 그것에 대한 집착을 깨뜨린 뒤에 그 존재를 다시 긍정하는 논법이지요. ‘어떠한 대상에 대한 집착을 멸하는 것’[滅執]은 곧 ‘지혜의 달을 가득 채우는 것’[滿空]입니다. 그 논리의 근거에는 대상에 대한 집착을 탈각하기 위한 방편설이 개재되어 있지요.”

정여부인 : “결국 이 경전은 존재의 참모습을 보기 위한 ‘집착 없는 마음’과 ‘수행의 완성’, ‘보시의 완성’, ‘악업의 소멸’을 말하고 있군요?”

도오거사 : “그렇습니다. 존재하는 것을 있는 그대로 보는 지혜! 붇다는 ‘여래에 의해서 교설된 ‘지혜의 완성’은 지혜의 완성이 아니다’(제13장)고 말합니다. 이것은 지혜조차도 실체시하지 말라는 것이지요. 그리하여 『금강경』은 수행자로 하여금 완성이라는 환상에 이끌려 수행하는 것이 아니라 ‘지속되는 완성’이자 ‘종착역이 없는 완성’을 자각하기에 이르게 하고 있지요.”

할머니와 아버지가 세상을 떠난 지 49일이 되는 날까지 종가집 가장은 매일 『금강경』을 1독 했습니다. 하루 1회씩 『금강경』 32(分)을 읽는 것은 쉬운 일이 아니었지만 읽는 동안 참회의 눈물이 흘러내렸습니다. 지금까지 악착같이 살아온 존재가 과연 누구였는지를 돌이켜 보는 순간이었습니다. '나'와 '나의 것'을 벗어나 '무분별'과 '무주착'과 '무소유'의 가르침을 되새기는 동안 새로운 변화가 일어났습니다. 혜능(慧能, 638~713)의 전기가 이루어졌던 '머무르는 곳 없이 그 마음을 일으키라'[應無所住而生其心]는 구절에서도 어떤 '느낌'이 일어났습니다. 무거웠던 머리가 훨씬 가벼워지면서 보다 자유롭게 사는 길을 생각하게 되었습니다. 한 달 동안 『금강경』과 함께 생활하였던 우리 도반들도 시나브로 자유로워졌습니다.

3월의 경전 — 반야심경

지혜의 완성 슬기로움의 완성

수행 공간인 '절'과 예배 대상인 '탑'에는 불교의 우주관이 담겨 있습니다. 펼쳐있는 절을 세우면 탑이 됩니다. 또 세워있는 탑을 눕히면 절이 됩니다. 지난번 읽은 『아함경』이 절에 들어가는 일주문이자 탑의 하층 기단부에 해당하는 경전이라면 이번에 읽을 『반야심경』은 탑의 상층 기단부이자 절의 '불이문'에 상응하는 경전입니다. 다섯 쌍의 부부들은 각기 『반야심경』을 읽고 각기 몇 몇 질문을 준비하여 '불경읽기모임'에 참석하였습니다.

정여부인 : "『반야심경』은 불자나 비불자들이 가장 많이 접하는 경전입니다. 본문 전체가 260자로 된 소경이지요. '마하'를 덧붙인 제목 10자를 더해도 270자에 지나지 않습니다. 그런데 길이는 짧지만 내용은 결코 가볍지가 않아요. 때문에 문아(원측, 613~696)의 『반야심경찬』과 원효(617~686)의 『반야심경소』(산일) 및 규기(窺基, 632~682)의 『반야심경유찬』 등의 주석서가 나왔던 것입니다. 이 경전은 처음부터 독립 경전이었을까요?"

청화거사 : "그렇지 않습니다. 대승경전이 탄생될 때 제일 먼저 성립한 반야부는 『금강반야경』 1권, 『소품반야경』 10권, 『대품반야경』 30권, 『대반야경』 600권에 이르는 방대한 경전 군입니다. 이 경전은 반야, 오온, 제법, 육근, 육진, 육계, 십이인연, 사성제, 무소득, 열반, 반야바라밀다, 아뇩다라삼먁삼보리, 주

문 등 이들 경전들의 핵심 주장을 간략하게 압축한 경전입니다."

덕만부인 : "네. 『반야심경』은 본디 독립된 경전이 아니었군요? 마치 『관음경』이 『묘법연화경』「관세음보살보문품」에서 독립되어 널리 유통된 것처럼 말입니다."

시당거사 : "그렇습니다. 우리가 알고 있는 경전들은 모두 '완경'이기보다는 '분경' 내지 '별경'인 경우도 적지 않습니다. 『관음경』도 그렇지만 『해심밀경』도 『유가사지론』에서 독립되어 서품이 덧붙여진 것입니다. 이런 예는 더러 있습니다."

만산거사 : "이 경전은 '대본'(광본)과 '소본'(약본)이 함께 있는 것으로 압니다. 한역으로는 몇 종이나 번역되었는지요?"

정여부인 : "예. 대본에는 서분과 정종분과 유통분이 갖춰져 있습니다. 소본에는 서분과 유통분이 없고 정종분만 있지요. 우리가 널리 읽고 있는 『반야심경』은 소본의 한역입니다. 그리고 이 경전은 한역, 몽골역, 티베트역, 프랑스역, 독역, 영역 등 여러 번역본이 있어요. 한역으로는 구마라집 역의 『마하반야바라밀대명주경』(402~413), 현장 역의 『반야바라밀다심경』(649년), 의정 역(700), 법월의 번역(732), 법월 중(重)역의 『보편지장반야바라밀다심경』(732), 반야와 이언 등 역의 『반야바라밀다

심경』, 지혜륜 역의 『반야바라밀다심경』(850년), 법성 역의 『반야바라밀다심경』(850년 전후), 시호 역의 『불설성불모반야바라밀경』(980년), 역자 불명본(연대 미상) 등의 10여종이 있지요."

승만부인 : "『반야심경』에서 '반야'(般若)와 '심'(心)은 어떤 뜻을 가지고 있나요?"

정여부인 : "반야는 팔리어 '빤냐'(paññа)와 싼스끄리뜨 '쁘라즈냐'(prajña)의 음역입니다. '쁘라'(pra)는 '빠라'(para)에서 파생된 접두어입니다. '빠라'는 '무궁한', '최고의'라는 뜻이 있어요. 접두어로 쓰일 때는 '우수한', '심히', '매우' 등의 의미로 쓰여지고요. '즈냐'(jña)는 '안다', '인식한다'는 뜻을 지닌 말입니다. 해서 '쁘라'와 '즈냐'가 합성된 '쁘라즈냐'는 '커다란 지혜', '완전한 지혜' 등으로 번역될 수 있지요. '지혜'와 우리말에 가장 가까운 것은 '슬기', '슬기로움', '직관', '통찰력', '꿰뚫어봄' 등일 거예요. 정리하면 '지혜의 완성' 혹은 '슬기로움의 완성'이 될 것입니다."

공덕부인 : "'심'에 대해서도 얘기를 해 주셔야지요."

청화거사 : "불교 전통에서 '심'은 가장 중요한 개념입니다. 여기서 '심' 즉 '마음'은 '심'(心)과 '의'(意)와 '식'(識) 등을 총괄

하고 있지요. 우선 '심'은 크게 정신작용을 뜻하는 '찌따'와 신체의 심장을 뜻하는 '흐리다야'로 나눠집니다. '찌따'는 갖가지의 대상을 인식하는 것이자 집기(集起)하는 뜻을 지니고 있지요. 앞의 것은 육식(六識)을 가리키고, 뒤의 것은 아뢰야식(阿賴耶識)을 일컫습니다. 과거의 경험을 모아 저장하고 있기 때문에, 그리고 이것이 미래의 제법을 일으키기 때문에 '집기심'(集起心)이라고도 하지요. 마나스는 사려(思慮)하는 작용으로 '사량심'(思量心)이라고 하고 말라식(末那識)으로 부릅니다. 그리고 대상을 언어로 갈라서 이해하는 '요별경식'(了別境識)은 인식주체인 '비즈냐냐'(vijñāna)와 인식작용인 '비즈납티'(vijñapti)로 되어 있지요. 이와 달리 흐리다야는 본디부터 '심장'을 가리킵니다. 이것은 '중심의 마음'(中心), '심의 정수'(心髓)에 해당합니다. 『반야심경』의 제목에서 '심'은 '흐리다야'인 '핵심' 또는 '정수'를 뜻합니다. 그러니까 이것은 '슬기로움의 완성에 이르는 핵심 경전'이라고 할 수 있겠지요."

민락부인 : "그러면 『반야심경』은 누가 누구에게 설하고 있는 것인지요?"

정여부인 : "참 좋은 질문입니다. 이 경전은 관세음보살이 붇다의 수제자인 사리푸트라에게 설하는 형식입니다. 본디 '보살'은 대승이전의 경전에도 나오지요. 물론 그때는 '상구보리 하화

중생'하는 대승보살의 의미가 아닙니다. 단지 붇다가 되기 전의 전생을 '석가보살', '호명보살', '선혜보살'이라고 불렀던 것이지요. 대승경전 속의 보살은 붇다의 의인화이자 인격화입니다. 하지만 화신과 보신의 측면을 고려할 때는 실존인물로 볼 수도 있지요. 관세음보살은 '자비의 화신'입니다. 이 경전의 설주는 중생의 괴로움과 어려움을 뿌리 뽑아 주는 관세음보살이지요."

도오거사 : "그렇다면 관세음보살은 붇다를 대신하여 설하고 있군요?"

청화거사 : "예. 그렇습니다."

덕만부인 : "그런데 왜 경전에는 '관세음보살'이 아니라 '관자재보살'이라 적고 있습니까?"

정여부인 : "관세음보살은 종래 '광세음보살'(光世音菩薩)이라고 번역된 적도 있습니다. 이 경전에서 '관자재보살'로 번역한 까닭은 두 가지 설이 있어요. 첫째는 범어 '아바로끼따+이슈와라'를 직역했기 때문이지요. 흔히 인도 정통철학에서 창조신으로 군림하는 브라흐마의 이칭인 '이슈와라'는 '조일체신'(造一切神) 또는 '자재신'(自在神)으로 번역했어요. 때문에 직역에 충실한 노력을 기울인 현장(602~664) 법사는 세상의 고통을 '자

유롭게 꿰뚫어보시는 그 분'을 '관자재보살'(觀自在菩薩)로 번역했습니다. 둘째는 당시 황제이자 현장법사의 후견인이었던 당 태종의 본명 '이세민'(李世民)의 '세'(世) 자를 '피휘'(避諱)하여 '자재'(自在)로 했다는 설이예요. '피휘'법이란 제왕 또는 존장의 이름에 사용된 문자와의 저촉을 피하는 방법입니다. 이것을 무시하면 '변개'(變改) 이전의 인명(人名), 관명(官名), 지명(地名), 서명(書名), 연호(年號) 등을 제대로 판별할 수 없게 되지요. 피휘법으로는 '개자'(改字), '공자'(空字), '결필'(缺筆), '개음'(改音) 등이 있습니다. 하지만 후자의 설은 '피휘'법의 예로 적절해 보이지 않아요. 해서 외국인이었던 구마라집의 의역(意譯)과 달리 중국인이었던 현장의 직역(直譯)에 의한 것으로 이해하는 것이 더 설득력이 있어 보입니다."

만산거사 : "이 경전의 핵심은 흔히 '조견오온개공'(照見五蘊皆空), '도일체고액'(度一切苦厄)에 있는 것으로 압니다. 그렇게 보는 것이 타당한지요?"

정여부인 : "물론 이 구절은 『반야심경』의 핵심일 뿐만 아니라 전 불교의 핵심이라고 할 수 있지요. 불교의 목표는 고통에 대한 '자각'으로부터 '진단'－'처방'－'치유'의 길로 나아가는 것입니다. 우리가 느끼는 고통의 원인은 '오온이 다 공임'으로 보지 못한 것에 있어요. 모든 존재를 '공의 덩어리'[空聚]라고

볼 때 우리는 자유로워질 수 있지요. 하지만 우리 범부들은 모두 '내가 있다'고 생각하기 때문에 고통이 생겨납니다. 이 구절은 불교의 전체 메시지를 함축하고 있기 때문에 불교의 결론이라고 말할 수 있지요."

환정거사 : "그렇다면 이 경전에서 '생멸'(生滅), '구정'(垢淨), '증감'(增減), '오온'(五蘊), '육근'(六根), '육경'(六境), '십이연기'(十二緣起)의 순관과 역관, '사성제'(四聖諦), '지혜'(智), '깨달음'(得) 등 『아함경』군에서 제시한 교설을 부정하는 이유는 어디에 있습니까?"

정여부인 : "경문에서 주어(주부)가 무엇인지를 파악하는 것이 매우 중요하지요. 이 경전에서 부정되는 술부들의 주어는 모두 연기된 '제법의 공상'(諸法空相)이자 '공'(空)입니다. 즉 실체에 대한 부정을 뜻하는 '공' 혹은 '공상' 또는 '공성'은 반야부의 주어이자 주부입니다. 때문에 공의 입장[空觀]에서 보면 모두가 원인과 조건에 의한 결과이므로 실체가 있을 수 없지요. 그러므로 『아함경』군에서 긍정되었던 가르침들이 부정될 수밖에 없습니다. 하지만 부정이라고 해서 본질에 대한 부정이 아니지요. 임시로 만들어진 현상의 부정을 통해 본질로 이끌기 위함입니다. 대승의 키워드인 '반야' 즉 '지혜'는 '있는 그대로 보는 것'이예요. 있는 그대로 보니까 '일체법은 공취'일 수밖에 없게 됩니다."

덕만부인 : "경전 마지막의 '아제 아제 바라 아제 바라 승 아제 모지 사바하'는 무슨 뜻입니까?"

청화거사 : "그것은 '다라니'[眞言] 혹은 '총지'(摠持)라고 불리는 주문(呪文)이지요. '총지'는 '모두 총'자에 '지닐 지'자 그대로 '범어의 긴 구절을 번역하지 않고 그대로 지닌다'는 뜻입니다. 즉 경의 '엑기스'인 말의 '밀핵'(密核)이기 때문이지요. 해서 이것을 그대로 외우면 그 공덕이 적지 않습니다. 굳이 번역한다면 '가자(갈 때), 가자(갈 때), 저 언덕으로 가자(갈 때), 다 함께 가자, 깨달음이여, 다 이뤄지이다'는 뜻이지요. 여기서 범어 '가떼'(gate)는 청유형과 처소격 두 번역이 다 가능합니다."

이처럼 이 경전은 제일 짧은 경전이면서 가장 많은 것을 담고 있는 경전입니다. 근본불교와 부파불교 및 대승불교와 비밀불교의 핵심을 모두 담고 있습니다. 심지어 선법(禪法)으로까지 확장되는 '경전 중의 경전'이기도 합니다. 지금까지 다섯 부부는 『반야심경』을 늘 읽고 외우면서도 그 의미를 온전히 이해하지 못했었습니다. 이번 '불경읽기모임'을 통해 이 경전을 새롭게 바라 볼 수 있었습니다. 아울러 불교적 인간상인 '발심하는 존재'와 '서원하는 존재'로서 '거사'와 '부인'의 정체성을 확립할 수 있었습니다.

4월의 경전 — 법화경

절대와 상대를 넘어버린 묘법의 가르침

봄이 오고 있습니다. 천지 사방에는 꽃의 개벽이 열리고 있습니다. 이 봄에 우리 도반들은 존재의 실상과 영원의 성불을 역설하는『법화경』을 읽어봅니다. 이 경전은 '절대도 아니고 상대도 아니며, 상대도 끊어버리고 절대도 끊어버린 '절묘'(絶妙), '미묘'(微妙), '오묘'(奧妙), '기묘'(奇妙), '신묘'(神妙), '영묘'(靈妙), '현묘'(玄妙), '정묘'(精妙), '교묘'(巧妙), '원묘'(圓妙)의 '묘법'(妙法)을 꽃피우는 경전 중의 경전입니다.『법화경』은 '묘법의 실상'과 '독송의 공덕'을 강조하고 있습니다. 동시에 소승과 대승의 융화와 방편(삼승)과 진실(일승)의 종합을 도모하고 있습니다. 해서 우리들도 이 경전을 수지(受持) 독송(讀誦)하고 해설(解說) 서사(書寫)하는 공덕을 온몸으로 느껴 보기로 했습니다.

만산거사 : "한 때 대승경전은 석존의 직설이 아니라는 의견이 대두했었습니다. 역사적으로 보면 이것은 당연한 것이지요. 하지만 대승경전의 성립에는 소승이 지닌 한계를 극복하기 위한 당위성과 역사 발전에 따라 생겨난 역사성을 지니고 있습니다. 대승경전은 석존의 가르침을 원줄기로 해서 이어온 것이지요. 때문에 한 국가 또는 한 교권을 형성한 곳에서는 정통성을 지닌 경전으로 신봉되어 왔습니다."

민락부인 : "대승경전은 경전의 편찬자들이 깊은 선정(디야나) 속에서 석존을 만나 청문한 내용들이지요. 그들은 시공을 초월

한 선정체험 속에서 들은 가르침을 경이로운 시적 영감을 발휘하여 대승경전으로 펴냈습니다. 때문에 대승경전은 선정체험 속에서 청해 들은 붇다의 진실한 말씀이지요.”

시당거사 : “대승경전의 탄생은 자기의 해탈만이 목적일 뿐 타인의 구제를 생각하지 않은 소승 수행자들에 대한 문제제기이기도 했군요. 그러면 한때 제기되었던 대승비불설은 더 이상 논할 가치가 없는 것이군요?”

승만부인 : “그렇습니다. 대승경전의 편찬자들은 자신만의 해탈을 최고의 이상으로 하는 성문 제자와 인과의 도리를 깨달았으나 자신만으로 만족하고 타인에게 설법하지 않는 독각(연각)을 넘어서기 위한 것이었지요?”

도오거사 : “『법화경』은 최근 필사본이 발견된 네팔 등의 서북 인도에서 일어났던 종교문학운동 속에서 진보적이고 신앙심이 강렬한 어떤 집단이 출현시킨 것으로 봅니다. 그들은 먼저 「서품」 일부와 「방편품」과 「비유품」을 탄생시켰고 이어 「견보탑품」의 앞 부분과 「권지품」의 일부를 집성했을 것입니다. 그 뒤 「종지용출품」과 「여래수량품」 및 「여래신력품」을 찬술한 뒤 일정 시간 뒤에 「분별공덕품」과 「상불경보살품」을 첨가한 10장 정도의 소품경전을 만들어 냈을 거예요. 아마도 소승과

대승의 구도 아래에서 대승으로의 회귀를 촉구하기 위해 편찬한 것으로 추정됩니다. 이를테면 일인용 자전거와 같은 성문과 연각의 소승을 넘어서는 버스와 기차와 같은 대승의 보살 그리고 그 둘의 대립조차 뛰어넘는 일불승으로서 부처의 가르침을 제시한 것이지요. 마치 큰 배와 비행기 또는 버스와 기차와 같이 많은 사람들을 태우고 목적지를 가는 것처럼 말입니다."

덕만부인 : "이 경전의 원전은 '사드 다르마 푼다리카 수트람'(薩達磨芬陀利迦經)입니다. 축법호는 '사드'를 '정'(正)으로 옮겨 『정법화경』 10권(286년)으로, 구마라집은 이를 '묘'(妙)로 옮겨 『묘법연화경』 7권(408년)으로, 사나굴다와 달마급다는 구마라집 역의 저본에다 축법호 역을 종합한 『첨품묘법연화경』 7권(601년)을 역출해 냈습니다. 이외에도 『법등법화경』(支道根 역, 225년), 『법화삼매경』(正無畏 역, 255년), 『살운분타리경』(竺法護 역)의 세 본이 더 있었지만 현존하지 않습니다. 현존 세 본 중에서는 구마라집 번역이 가장 널리 읽혀오고 있지요."

환정거사 : "이 경전의 이름은 어떻게 이루어졌습니까?"

민락부인 : "석존의 거룩한 가르침을 뜻한 『법구경』, 석존의 이름을 든 『대일경』과 『아미타경』, 주인공의 이름을 딴 『승만경』과 『유마경』, 몇 개의 경들을 모은 『대집경』, 경의 내용과

사상을 표현한 『반야경』 등에서처럼 『묘법연화경』이란 이름 속에는 경의 내용과 사상이 담겨 있습니다."

시당거사 : "그러면 『묘법연화경』은 소승의 상대되는 대승을 넘어선 일승의 가르침을 연꽃 중에서 가장 뛰어난 흰 연꽃에 비유하여 붙인 이름이군요?"

정여부인 : "인도의 세친(世親, 420?~500?)은 『법화경우파제사』(법화경론)에서 연꽃이 진흙 속에서 싹터 나왔음에도 청정하고 무구한 꽃을 피우는 것과 같이 최승의 법인 불승은 소승의 진흙 속에서 나왔으되 그 진흙과 진흙으로 인하여 흐려진 물을 떠나듯이 성문도 『법화경』을 지님으로써 그들이 처한 진흙에서 떠나 성불할 수 있다고 했어요. 양나라 법운(法雲)은 이 경전에는 수 겁 동안의 수행에 의해서 모든 사람이 성불한다는 것[因]과 구원의 부처[果]를 설하고 있으며 이것은 연꽃의 꽃[因]과 열매[果]가 동시에 존재하는 것과 같아서 인과[因果]를 함께 갖추고 있어 이 경전의 가르침의 우수함을 나타내므로 '묘법'이라고 한다고 했지요. 수나라 천태 지자(天台 智者, 538~597)는 이 경전을 전반부의 적문(迹門, 1~14품)과 후반부의 본문(本門, 15~28품)으로 나누어 보았고요. 적문에서는 '제법의 실상'에 대해, 그리고 본문에서는 '구원의 성불'에 대해 설하였지요. 적문을 대표하는 「방편품」과 본문을 대표하는 「여래수량품」은 이

경전을 지탱하는 주축입니다.”

청화거사 : “그러면 적문에서는 양이 끄는 수레(성문)와 사슴이 끄는 수레(연각)와 송아지가 끄는 수레(보살)라는 ‘삼승의 방편’과 한 마리 큰 흰 소가 끄는 수레(부처)라는 ‘일승의 진실’에 입각하여 제법의 실상을 전한 것이군요?”

공덕부인 : “그렇습니다. 제법의 실상을 설하는 적문에서는 ‘삼승 방편’과 ‘일승 진실’을 ‘개권현실’(開權顯實, 방편을 열어 진실을 낸다), ‘개삼현일’(開三顯一, 삼승을 열어 일승을 낸다), ‘회삼귀일’(廻三歸一, 삼승을 일깨워서 일승으로 되돌리다)로 표현합니다. 또 「방편품」에는 나오지 않지만 소승인 이승 사람들도 일승묘법(一乘妙法)에 눈뜸으로써 부처가 될 수 있다는 ‘이승작물’(二乘作物)로 표현합니다. 구원의 본불 사상을 설하는 본문에서는 석존 자신이 석가족의 왕가에서 출가하여 가야에서 깨달음을 얻은 것이 아니라 이미 몇 천만 억겁이라는 무량한 시간 이전에 깨달음을 얻었다고 설하지요. 때문에 깨달음을 얻고 겨우 40여 년 만에 무수한 보살들을 교화할 수 있었던 것입니다. 나아가 자기의 수명이 다할 때까지는 무량한 시간이 있으며, 부처의 수명은 시공의 제약을 넘어서 있어 무한한 과거로부터 무한한 미래에 이르기까지 온갖 세계에서 진리를 계속적으로 설하고 있다고 하지요.”

만산거사 : “이 경전에는 일곱 가지의 특징적 비유와 여러 비유들이 나오고 있지요?”

민락부인 : “우리들의 삶을 들여다보면 방편(손가락)과 진실(달)이 혼재하고 있습니다. 석존의 가르침에서 볼 때도 방편을 통하지 않고 진실을 전할 수 없지요. 이 경전에서 원용하고 있는 불타는 집의 비유(「비유품」), 장자 궁자의 비유(「신해품」), 삼초 이목의 비유(「약초유품」), 변화로 된 성의 비유(「화성유품」), 옷 속의 보배구슬 비유(「오백제자수기품」), 상투 속의 밝은 구슬 비유(「안락행품」), 어진 의사의 비유(「여래수량품」)들은 모두 진실을 전하기 위한 방편의 비유들입니다.”

시당거사 : “천태 지의는 『법화현의』와 『법화문구』 및 『마하지관』이라는 법화 삼대부를 지었지요. 지의는 이 경전을 주석하기보다는 자신의 사상을 구성하는 재료로서 『법화경』을 사용한 것으로 보입니다.”

승만부인 : “천태학자인 지의는 자신의 철학을 만들기 위해 그렇게 했지요. 이 경전이 법화계통 종단의 소의경전이 되는 까닭은 어디에 있습니까?”

도오거사 : “흔히 중국은『원각경』의 나라, 한국은『화엄경』의 나라, 일본은『법화경』의 나라라고 부릅니다. 거기에는 역사적 맥락이 있기도 하지만 각 경전이 그 나라의 토양과 사람의 기질을 잘 반영하고 있기 때문이지요. 그런데 일본은 유독『법화경』을 널리 봉독해 왔습니다. 관련 종파만도 헤아리기 어려운 정도이지요. 물론 우리나라도 적지 않습니다. 각 종단이 저마다『법화경』의 가르침을 자종의 정체성으로 삼고자 했기 때문이겠지요.”

덕만부인 : “이 경전에 대한 영험전이 유독 많은 것은『법화경』의 수지 공덕이 크기 때문이지요?”

환정거사 : “당나라 혜상(慧詳)의『홍찬법화전』, 당나라 승상(僧詳)의『법화전기』, 송나라 종효(宗曉)의『법화현응록』, 신라 의적의『법화경영험기』(법화경집험기), 고려 진정 천책의『해동법화전홍록』, 고려 요원(了圓)의『법화영험전』등이 대표적인 것입니다. 조선 및 대한시대에도 영험의 기록들이 적지 않아요.”

공덕부인 : “『관음경』도 이『법화경』제25품인「관세음보살보문품」에서 독립한 경전이지요?”

시당거사 : “그렇습니다. 이 경전의 분류상 유통분에 들어가는 「보문품」이 『관음경』으로 독립되어 한중일 세 나라에서 널리 읽혔습니다. 이 경전에 대한 영험전도 몇 종류가 있지요.”

승만부인 : “이 모두가 『법화경』의 수지 · 독송 · 해설 · 서사의 공덕을 표현한 것이군요. 저도 오늘부터 사경을 시작해야겠습니다.”

불교에는 ‘참선’과 ‘간경’ 및 ‘주력’과 ‘절수행’ 등 여러 수행법이 있습니다. 이 가운데에서도 사경은 독특한 의미를 지닙니다. 최근 『법화경』을 사경하는 불자들을 자주 볼 수 있습니다. 사경은 참선과 간경에 필적하는 또 다른 수행법입니다. 한 경전을 사경할 때마다 세 번(혹은 한 번)의 절을 하고 한 글자를 쓰는 과정은 고도의 정신 집중을 필요로 합니다. 수많은 경전 가운데에서도 유독 『법화경』을 즐겨 사경하는 것은 적절한 분량보다는 이 경전이 강조하는 수지 · 독송 · 해설 · 서사 공덕의 지중함 때문일 것입니다. 우리 도반들 역시 존재의 실상과 구원의 성불을 체감하기 위해 경전을 ‘받아 지니고’, ‘읽고 외우는’ 것에서 한 걸음 더 나아가 ‘풀이하고’, ‘베껴 쓰는’ 단계로까지 가야된다는 사실을 새삼 생각 키우게 되었습니다.

5월의 경전 — 화엄경

깨침의 세계와 보현의 원행

천지 사방에 온갖 꽃들이 피어있습니다. 지금 우리는 갖은 꽃으로 장엄하고 수식한 꽃밭을 보고 있습니다. 저마다 다르게 피어있는 꽃들이기에 아름답습니다. 이들은 자신을 뽐내며 자기의 존재감을 극대화하고 있습니다. 연꽃의 꽃술로 부처님의 깨달음의 세계를 장엄하는 『화엄경』은 그 분량이나 내용에서 최고의 경전으로 평가받고 있습니다. 우리 도반들은 깨달음의 세계를 합주하는 보살들의 연주를 보고 듣고 있습니다. 해서 이 달에는 무한의 세계를 설하고 있는 대승경전의 절창 『화엄경』을 읽어보기로 했습니다.

환정거사 : "계절의 여왕인 오월입니다. 이 여왕은 지금 온갖 꽃들로 장중한 오케스트라를 연주하고 있네요. 『대방광불화엄경』처럼 말입니다. 본디 『화엄경』은 대방광불의 깨달음 세계를 '여러 가지의 아름다운 색을 가진 꽃을 묶어서 만든 화환과 같은 장식'을 원용하여 설하는 경전입니다. 이 경전은 본디 『오십권본』(불타발타라, 418~420)과 『육십권본』(法藏 보완, 680), 『팔십권본』(실차난타, 695~698)과 『사십권본』(반야, 795~798, 일부분)으로 한역되었습니다. 산스크리트 원전은 「십지품」과 「입법계품」 둘 만이 존재합니다."

공덕부인 : "본디 『화엄경』은 부분 경들의 집성으로 알고 있습니다. 때문에 각기 독립된 경전으로 한역되기도 했지요? 가

장 오래된 번역은 2세기 후반부터 시작해서 제일 나중의 번역은 8세기 말까지 한역된 것으로 압니다. 얼마 전까지만 해도 『화엄경』은 '60권본'(7처 8회 34품)과 '80권본'(7처 9회 39품)과 '40권본'의 세 종류였는데 최근 『오십권본』의 존재가 확인된 것이지요?"

도오거사 : "그렇습니다. 기록상에 보이던 '50권본'은 실재하는 것으로 확인되었지요. 먼저 불타발타라에 의해서 '50권본'이 간행되었습니다. 그 뒤 화엄종의 대성자인 법장(643~712)이 일조(日照)가 가지고 온 범본에 의해 결락된 부분을 보완하고 종래 '50권본'의 분량을 조절하여 '60권본'으로 펴낸 것이지요. 이 때문에 이제 『화엄경』은 네 종류가 있었다고 적어야 될 것입니다."

정여부인 : "7세기 이전에는 '진역'(晋譯) 혹은 '구역'(舊譯)으로 불리는 '60권본'을 주로 보아왔습니다. 그 이후는 '당역'(唐譯) 또는 '신역'(新譯)으로 불리는 '80권본'이 주류가 되었지요. 지금 한국에서는 '80권본'을 중심으로 보고 있습니다. 원효-의상-법장 같은 분들은 모두 '60권본'을 보았지요. '80권본' 번역 이후 우리나라는 '80권본'을 보고 있습니다. 이와 달리 일본은 지금도 '60권본'을 애독하고 있지요?"

만산거사 : "그렇습니다. 화엄 교학 수립에 결정적 영향을 미친 법장의 『화엄경탐현기』(20권)는 '60권본'에 기반을 두고 있지요. 뿐만 아니라 의상의 『화엄일승법계도』 역시 '60권본'에 바탕을 두고 있습니다."

민락부인 : "『화엄경』에는 「노사나불품」(60권 화엄)과 「비로자나품」(80권 화엄)이 혼재하고 있습니다. 또 『법화경』에는 노사나불이 주불로 나옵니다. 이렇게 섞여있는 까닭은 어디에 있습니까?"

시당거사 : "'육십권본'에서는 노사나불이 주불입니다. 반면 '팔십권본'에서는 비로자나불이 주불입니다. 노사나불은 『화엄경』의 종장으로 여겨지는 『범망경』에 의거하여 주조되었다고 합니다. 이에 대해서는 『범망경』에서 '나는 이미 백 아승기겁 동안에 심지(心地)를 수행하였기 때문에 비로소 범부를 벗어나 등정각을 이루었으며 명호를 노사나불이라고 한다'고 말하는 부분과 '천 백억의 석가는 1천 석가의 화신이며 나는 이미 본원이 되었기에 이름하여 노사나불이라고 한다'고 설하는 대목에서 확인하게 됩니다.

승만부인 : "『화엄경』은 석존이 가야의 보리수 아래에서 위없이 바른 깨침을 얻고 제2의 7일 날 아침에 그 경계를 그대로

보현보살에게 알린 것으로 되어 있습니다. 왜 그런 것입니까?"

청화거사 : "석존은 제1의 7일간은 스스로 증오한 진리의 경지를 스스로 즐기고 계셨지요. 다른 사람들을 향해서는 법을 설하지 않았기 때문입니다."

덕만부인 : "'부처님의 자각' 즉 깨침의 내용을 펴고 있는 이 경전은 '여래출현' 혹은 '여래성기'와 '일승보살도'와 '법계연기'를 중심사상으로 잡고 있지요. '대방광'이란 석존의 체·상·용을 표현한 것이며, '불화엄경'은 '부처님이 설하신 경'이 아니라 '부처님을 설한 경'라고 말해야 합니다."

환정거사 : "이 경전의 대의를 의상은 『화엄일승법계도』에서 '법성으로 화엄의 정수를 읊었고, 법장은 『화엄경탐현기』에서 불보살세계를 '연하여 함께 일어나는 인과와 비로자나 법신의 현현인 법계'[因果緣起 理實法界]연기로 나타냈습니다. 조선조 묵암 최눌은 '만법을 통섭해서 일심을 밝힌다'[統萬法明一心]고 했지요."

시당거사 : "『화엄경』의 메시지는 '깨침의 세계'와 '보현보살의 원행'을 나눠볼 수 있지요. 화엄교주는 불보살과 같은 깨달은 존재인 '지정각세간'과 아직 못 깨달은 존재인 '중생세간'과

그들 정보가 의지해 있는 '기세간'의 삼종 세간을 융섭하고, 십신을 구족한 삼불 원융의 청정법신 비로자나불이라고 부릅니다. 이 삼불이 원융한 불세계는 비로자나(法身)－노사나(報身)－석가모니(化身)불의 세계이지요. 마치 영화 필름의 각 화면에 찍힌 과거・현재・미래에 걸친 무수한 부처가 영사기를 통과하면서 순차적으로 빛이 닿게 된 화면에는 늘 비로자나라는 한 부처가 비추어 나오면서 여러 가지로 움직여 보이는 것처럼 말입니다. 즉 현재라는 영사기를 통과하고 있는 화면에는 니련선하 강가의 보리수 아래에서 성도한 역사적 석존이 나타나 있지요. 다음 찰나에 이 스크린은 과거에 낙사(落謝)한 다른 화면으로 바뀔 것입니다. 이 분은 아마도 56억 7천 만년 이후 미래의 화림원 속의 용화수 아래에서 성도하시는 미륵불일지도 모르지요."

공덕부인 : "이 경전은 법보리도량－보광명전－급고독원의 지상 세 곳과 도리천－야마천－도솔천－타화자재천의 천상 네 곳에서 일곱 번 설해집니다. 그런데 보광명전에서 보현보살이 세 번 설하므로 모두 7처 9회 39품으로 구성되어 있습니다."

만산거사 : "앞의 8회를 전편(因果緣起)이라 하고 마지막의 9회를 후편(理實法界)이라고 하지요. 제9회의 「입법계품」은 전편에서 보인 '불자내증경'과 '보살도' 및 '구경지'를 선재동자가

출현하여 재현시키고 있습니다. 선재는 문수보살에게서 발심하고 53선지식을 역참하여 보현행에 머물게 되지요. 이 경전은 보현보살이 보리수 아래와 보광명전에서 석존의 깨침의 세계를 설하는 보현경전계, 문수보살이 설주가 되는 문수경전계, 천궁 4회에서 향상되는 보살도를 설하는 십지경전계로 구성되어 있습니다."

승만부인 : "그러면 인도의 '보현행원'과 중국의 '화엄관법'과 한국의 '화엄선'은 어떻게 연속되고 불연속되는 것인지요?"

청화거사 : "『화엄경』의 메시지는 여러 가지가 있지만 '보현보살의 서원 수행'으로 귀결됩니다. 편력을 계속하던 선재동자가 마침내 최후의 선지식인 보현보살을 찾아가지요. 이때 보살은 『화엄경』 세계의 모습 그대로 '여래의 훌륭한 공덕'을 성취하기 위해서는 1) 제불을 예경할 것, 2) 여래를 칭찬할 것, 3) 널리 공양을 닦을 것, 4) 업장을 참회할 것, 5) 공덕을 기꺼이 따를 것, 6) 전법륜을 청할 것, 7) 부처의 재세를 청할 것, 8) 항상 부처를 따라서 배울 것, 9) 항상 중생을 따를 것, 10) 널리 모두 회향할 것이라는 '열 가지의 광대한 원행을 닦아야 한다'고 가르쳐 줍니다."

민락부인 : "그러면 '보현의 원행'이란 무엇인지요? 「입부사

의해탈경계보현행원품」(약칭 보현행원품, 40권 화엄)에서 선재동자가 문수보살부터 보현보살에 이르기까지 53선지식(비구 5, 비구니 1, 우바이 4, 장자 9, 거사 2, 천신 1, 여신 10, 천녀 1, 바라문 2, 선인 1, 왕 2, 선생 1, 동자 3, 동녀 2, 뱃사공 1, 외도 1, 유녀 1, 싯달타 태자비 1, 태자모 1인)을 찾아다니며 '어떻게 보살행을 배우며, 어떻게 보살도를 닦습니까'라고 반복해서 묻습니다. 선재가 선지식과 만나 도달하는 지위는 이 경전에서 말하는 십주－십행－십회향－십지－등각－묘각의 42계위와 대비되지요. 처음 문수보살은 이미 전제가 되는 신위(信位)에 해당하며, 덕운비구는 10주초의 초발심주이며, 태자비였던 구바녀가 제10지에 배대됩니다. 나아가 등각에 10분, 묘각위에는 미륵보살이 해당되며, 마지막 제53의 보현보살은 전 보살도와 불과 행위를 총망라하는 자리이지요."

시당거사 : "중국 화엄가들은 '육십권본'을 기초로 화엄교학을 체계화시켰지요. 두순－지엄－법장－징관－종밀로 이어지는 화엄오조설은 중국 화엄종의 공고한 기반을 보여주는 증좌입니다. 특히 화엄관법은 일체의 법을 관찰하는 수행 체계이지요. 이는 인도(서역)에서 비롯된 『화엄경』의 보현행원과 한국의 화엄선과는 변별됩니다. 한국은 의상 이래 지눌에게서 확인되는 화엄과 선의 통로와 만남이라고 할 수 있는 '화엄선'으로까지 나아갔지요. 이 선법은 천태선법과 대비된다고 할 수 있습니다."

민락부인 : "그러니까 보현보살이 선재동자에게 해준 '내 살갗을 벗겨 종이로 삼고/ 내 뼈를 쪼개 붓을 삼으며/ 내 피를 뽑아 먹물로 삼아/ 경전을 베껴 쓰기를/ 수미산만큼 쌓더라도/ 진리를 소중히 여기므로/ 내 몸과 목숨을 아끼지 아니한다'는 마지막 법문은 보현보살의 원행이자 화엄선의 절창이기도 하군요?"

환정거사 : "그렇습니다. 해서 『화엄경』은 모든 경전의 진정한 왕자라고 하는 것이지요. 이 경전은 한국 불교인들에게서 깊이 체화되었습니다. 그 정점에 의상의 「법성게」가 있는 것이기도 하고요."

개나리와 진달래, 목련과 벚꽃이 진 자리에 철쭉과 장미, 아카시아와 무궁화가 활짝 피어오르고 있습니다. 우리는 온갖 꽃들이 모여 갖은 불세계를 보여주는 오월이 계절의 여왕인 까닭을 알게 되었습니다. 오월은 화엄의 세계관인 '연화장세계' 내지 '연화장화장장엄세계'인 까닭입니다. 우리들은 "중생계가 다하고 중생의 업이 다하고 중생의 번뇌가 다하면 나의 예경도 다하게 된다"는 가르침과 "중생계 내지 번뇌가 다하는 일이 없기 때문에 나의 이 예경도 다하는 일이 없으며, 생각에 생각이 연이어져 쉬는 일이 없으며 신어의업이 지친다는 이도 없다"(禮敬諸佛願)는 가르침을 거듭 새기게 되었습니다.

6월의 경전 — 유마경

불이(不二) 법문을 주제로 한 심포지움

거리와 산들에는 녹음이 한창입니다. 녹음에 반사되어 뿜어내는 빛이 매우 뜨겁습니다. 이제 하순쯤이면 우기(장마)도 시작될 것입니다. 수행자는 이 '더위'와 '우기'를 이겨내려고 나무밑(선원)에 앉아 선정에 듭니다. 공부인도 '거리의 철인' 또는 '붇다의 화신'으로 불리는 '유마거사'의 '토론'과 '침묵'을 통한 '입붉이(入不二)의 법문' 및 '부사의해탈(不思議解脫)의 법문'으로 서재안의 더위를 이겨내는 청량제로 삼아야 겠습니다. 유마거사는 상대와 차별을 넘어서는 절대평등의 경지에 들어가는 길을 보여줍니다. 때문에 한 시대를 함께 걸어가자고 다짐했던 우리 길동무들은 '불이'를 주제로 한 유마의 심포지움에 동참하기로 했습니다.

도오거사 : "알다시피 대승불교는 재가신자가 주도한 종교개혁운동입니다. 종래 출가교단의 권위주의와 보수주의에 대한 비판이기도 합니다. 이러한 노력은 불교의 참된 지평을 열어가자는 불교개혁운동으로 발전해 갔습니다. 이즈음 몇몇 반야경전군이 성립되었습니다. 『유마경』은 이들 반야경전군의 영향을 받아 기원 후 2세기 중엽에 성립했다고 알려져 있습니다."

민락부인 : "그러면 범본 『유마경』은 초기 대승경전 성립과 동시에 이루어진 것으로 볼 수 있겠군요?"

청화거사 : "아마도 이 경전은 기원후 1세기 후반에는 원전이 전해지고 있었던 것으로 보입니다. 용수의 『중론』과 『대지도론』 및 세친의 『정토론』 등에 이 경전의 문장이 거듭 인용되어 있습니다. 한역으로는 엄불조(嚴佛調) 번역의 『고유마힐경』(1권, 188년)이 처음입니다. 이후에 여섯 차례 번역되었지만 지겸 번역의 『유마힐경』(22~229년 경)과 구마라집 번역의 『유마힐소설경』(3권, 406년), 그리고 현장 번역의 『설무구칭경』(650년) 3본만이 현존합니다. 이중에서 가장 널리 읽히는 것은 구마라집의 『유마힐소설경』입니다. 대부분 이 역본을 사용하여 연구했지만 현장 번역의 『유마경』을 저본으로 한 주석서도 일부 있습니다."

공덕부인 : "이 경전은 인도 갠지스강 중류의 북쪽 상업도시였던 바이샬리를 무대로 하고 있습니다. 그곳은 릿차비족이 건설한 도시입니다. 매우 진취적이었던 이들은 대부분 불교를 믿었습니다. 석존 입멸 100년 뒤의 교단 분열의 계기를 만든 이들은 릿차비족 출신의 승려들이었다고 합니다. 이 경전의 주인공인 비말라키르티(유마힐)는 자유로운 기풍이 넘치는 바야샬리의 릿차비족 상인입니다."

만산거사 : "릿차비족은 계율은 엄할수록 좋겠지만 보수적이거나 전통적이어서는 안 된다고 했지요. 그들에게는 자유정신에 입각한 개혁 인식이 있었습니다. 먼저 시세의 흐름에 따라

교단의 규율(계율)은 개변되어 융통성과 시의성을 가져야 한다고 주장했습니다. 결국 교단은 둘로 갈라지기 시작했습니다. 이들 개혁파들이 뒷날 대승불교를 주도한 것으로 보입니다.”

덕만부인 : “‘비말라키르티’는 ‘비마라길리치’(毘摩羅吉利致), ‘비미라힐’(毘摩羅詰), ‘유마라힐’(維摩羅詰), ‘유마힐’(維摩詰), ‘유마’(維摩)로 음역되었고, ‘이구칭’(離垢稱), ‘무구칭’(無垢稱), ‘정명’(淨名)으로 번역되었지요. ‘거사’(居士)의 범어 ‘그르하빠띠’와 팔리어 ‘가하빠띠’는 ‘부호’ 또는 ‘덕이 뛰어난 사람’ 혹은 ‘유덕한 자산가’를 일컫습니다. 서양의 ‘자본가’ 혹은 ‘길드의 지도자’에 상응하지요. ‘비말라키르티’에서 ‘비말라’란 ‘더러움이 없는’, ‘키르티’는 ‘명성’ 혹은 ‘평판’을 의미합니다. 때문에 비말리키르티란 ‘더러움이 없다는 명성을 지닌 사람’을 뜻합니다. 하지만 그가 실존 인물이었는지에 대해서는 이론이 있지요?”

시당거사 : “‘당나라 현장(玄奘)과 당나라 국사인 왕현책(王玄策)이 비말라키르티의 저택을 보았다’는 기록에 근거하면 그는 실존인물일 가능성이 있습니다. 해서 이 경전은 아마도 시대를 뛰어넘어 붇다와 제자들을 등장시켜 만든 것으로 볼 수 있겠지요. 이 경전에는 기성교단을 희롱하는 반골정신이 투영되어 있습니다. 때문에 진보적인 경향이 강한 바이샬리의 재가신자들 그룹이 이 경전을 제작하였고 전승시켰다는 주장은 설득력이

있습니다."

정여부인 : "『유마경』은 문학성이 강한 희곡풍의 경전으로 평가받고 있습니다. 학자들은 석존의 직설이 아니라는 점에서 원전은 '수트라'[經]가 아니었을 것으로 보지요. 이 때문에 한역자들은 '석존의 가르침'(니르데샤)이라고 생각하여 '경'을 덧붙인 것으로 봅니다. 실제로 그런지요?"

환정거사 : "'비말라키르티'를 불교의 화신으로 볼 경우 이것을 '경'이라고 하지 못할 이유가 없다는 논리도 있습니다. 티베트어로 번역된 『성무구칭경』(聖無垢稱經)도 '경'(mdo)을 붙이고 있어 범본에서부터 '수트라'[經]를 붙였을 것이라는 주장도 있지요. 경의 서곡에 해당하는 「불국품」은 제자들 8천명과 보살들 3만 2천 명의 등장인물이 모인 무대를 묘사하면서 시작됩니다. 라트나카라[寶藏] 보살이 5백 명의 청년들을 데리고 붇다에게 예배하러 옵니다. 그들은 '보살이 불국토를 청정하게 한다'는 말이 어떤 것인지 묻습니다. 그러자 붇다는 '불국토는 그곳에 들어갈 수 있는 능력을 갖춘 자만이 허용된다'고 설합니다. 그리고 '중생의 마음이 청정하면 불국토도 또한 청정해진다'고 설합니다."

승만부인 : "그렇다면 이 경전의 저자는 유마거사를 대승불교

의 이상인 보살로 알리고 싶었던 것은 아닐까요? 소승불교에 대한 통렬한 비판의 언표를 보면 그런 생각이 듭니다."

청화거사 : "붇다는 병이 난 유마를 위안하기 위해 32명의 보살들에게 차례차례 권유합니다. 하지만 보살들은 종래 유마거사에게 수행과 관련된 몇몇 잘못을 호되게 질책 당했기 때문에 소임을 다할 수 없다며 병문안을 사양합니다. 마지막으로 의뢰받은 문수보살이 '유마거사의 상대가 될 만한 주변이 못되지만 내 몸을 돌보지 않고 명령을 받들겠다'며 붇다의 성지(聖旨)에 따라 문안을 갑니다."

민락부인 : "유마거사는 '문수보살이시여, 잘 오셨습니다. 정말로 잘 오셨습니다. 전혀 오신 바가 없이 이렇게 오셨군요. 전혀 만난 바가 없이 이렇게 오셨군요. 전혀 만난 바도 들은 바도 없이 이렇게 만나게 되었군요.' 문수보살은 '그대가 아픈 원인은 무엇이며 언제부터 아프기 시작했습니까? 그 상태는 어떠하며 언제쯤이면 병이 낫겠습니까?'라고 묻습니다. 유마거사는 '이 세상에 어리석음이 남아있는 한 그리고 존재에 대한 집착이 남아있는 한 제 아픔은 앞으로도 계속될 것입니다. 모든 중생들에게 아픔이 남아있는 한 제 아픔 역시 앞으로 계속될 것입니다. 혹시 모든 사람들이 병고에서 벗어나게 되면 그때 비로소 제 병도 낫게 되겠지요. 보살이 기꺼이 윤회 가운데 뛰

어든 것은 오직 중생을 위해서이며 제가 아픈 것도 사실은 저 윤회가 원인입니다. 따라서 모든 사람들이 병고에서 벗어나게 되면 비로소 보살의 병도 씻은 듯이 낫게 되겠지요. 보살의 아픔은 바로 대자비가 그 원인입니다'라고 말합니다."

만산거사 :."그렇다면 유마의 병은 거짓이었군요? 결국 이 경전의 저자는 유마를 곧 대승보살로 전이시키고 있음을 알 수 있군요."

덕만부인 : "그렇습니다. 잠시 뒤 유마거사는 자신을 문명 온 보살들에게 ''불이'(不二)의 법문에 들어간다는 것은 무슨 뜻이냐?'고 질문을 합니다. 이제 '불이'를 주제로 한 일종의 심포지움이 열리기 시작하는 것이지요. 서른 한 명의 보살들이 각기 '자기의 체험을 통해서 얻은 살림살이'를 이야기 합니다. 마지막 순서로 자기 살림살이의 개진을 요구받은 문수보살은 '나는 이렇게 생각합니다. 그 어느 것도 말하려고 해도 말할 수 없고, 이야기를 하려 해도 이야기를 할 수 없고, 알아보려 해도 알아볼 수 없으며, 모든 물음과 답변을 초월하는 것이 불이의 법문에 들어가는 것입니다'라고 대답합니다."

청화거사 : "문수보살의 이야기를 다 듣고 난 보살들은 자신들의 의견은 잠꼬대에 지나지 않는다고 생각했습니다. 말을 마

친 문수보살은 유마거사에게 '당신의 살림살이를 듣고 싶습니다'라고 말했습니다. 주위 사람들은 유마거사에게서 어떤 말을 들을 수 있을지를 잔뜩 기대하고 눈과 귀를 모았습니다. 유마거사는 '입을 다문 채 그저 잠자코 있을 뿐입니다.' 돌연히 말문을 연 문수보살이 '훌륭하십니다. 정말로 훌륭하십니다. 이것이야말로 불이의 법문에 들어가는 도리입니다. 거기에는 실로 문자도 없고 말도 없으며 마음의 움직임도 없습니다'라며 유마거사를 칭송했습니다."

승만부인 : "유마거사의 '한 번 침묵'[一默]의 설법은 수많은 말로써 설명한 보살들의 살림살이를 압도했음을 만천하에 보여준 것이지요. '한 번의 침묵'을 통해 '불이의 법문에 들어간다'는 이것이야말로 '벽력같은 울림'을 지니고 있었으니까 말입니다."

정여부인 : "그래서 유마의 침묵은 선법(禪法)의 도리와 상통하는군요. 선사들이 『유마경』을 애독한 이유를 잘 알겠습니다. 선법은 남들의 가래침을 핥는 것이 아니라 자기가 '몸소 체험해 맛보는 일'에 겨냥되어 있으니까요."

시당거사 : "'입불이법문'(入不二法門)으로 고조되었던 상황이 지나가자 사리불은 점심 때가 되었는데 이 많은 사람들이 어떻

게 식사를 해야 할지 걱정을 합니다. 유마거사는 사리불의 세속적인 걱정을 알아차리고 '그대는 식사를 하고 싶습니까? 아니면 법을 듣고 싶습니까?'라고 되묻습니다. 때마침 '모든 향기가 나는 이름의 불국토에서 온 보살들이 가장 진기한 요리를 들고 옵니다. 그리고 그 쪽 불국토의 붇다는 다만 향기를 방출할 뿐입니다. 더 이상의 언설로 설법할 필요가 없게 됩니다. 다만 모두 향기를 맡는 것만으로 수행은 완성된다'고 말합니다. 이처럼 이 경전은 전 14품을 통해 반야개공(般若皆空) 사상에 입각한 대승보살의 실천도 고양과 '마음이 청정하면 국토가 청정하다'(「佛國品」) 는 정토교에 입각한 재가신자의 종교적 덕목을 강조하고 있지요."

꽃의 절정을 피웠던 나무들이 이내 녹음을 뿜어내는 유월입니다. 깨달음을 얻은 보살들이 중생 제도를 위해서 입세간과 출세간에 자유자재하는 것처럼 이 경전의 '부사의해탈 법문'은 불가사의했습니다. 유마의 방장에서 유마와 보살들이 토론하고 침묵하는 것과 동시에 암라수원에서는 붇다가 직접 설법하고 있기 때문입니다. 그러므로 이 경전은 비말라키르티가 문수보살과 대중들과 함께 붇다의 주변으로 복귀하면서 설하는 것임을 알 수 있습니다. 유월의 더위가 무르익어 가듯이 우리 도반들의 공부도 무르익어 가기를 기원해 봅니다.

7월의 경전 —『해심밀경』

유가사들의 수행 체험을 이론화한 경전

날씨가 점차 더워지고 있습니다. 대지의 반사열이 사방을 데웁니다. 습도가 많고 바람이 적습니다. 우리 마음에도 불쾌지수가 높아갑니다. 모든 것은 마음 먹기에 달려있다고 합니다. 하지만 환경에 적응해 사는 우리는 일기(日氣)의 변화에 자유롭지 못합니다. 이럴 때는 교리와 수행을 겸비한 경전을 읽을 필요가 있습니다. 불교 유식의 소의경전인 『해심밀경』은 명쾌한 교리와 치밀한 수행의 길을 제시해 줍니다. 『유가시지론』에서 분기된 이 경전은 이론과 실천을 함께 설하는 불교의 지향을 잘 보여줍니다. 해서 우리 도반들은 이 경전을 통해 이론과 실천을 통섭하는 길을 모색해 보기로 했습니다.

만산거사 : "중국불교는 인도불교를 수용하여 종파불교로 탈바꿈시켰습니다. 그들은 교상판석을 통해 자종의 체계를 각론으로 전문화시켰지요. '교상판석'이란 '가장 뒤에 오는 장작이 제일 위에 오르는 것'처럼 '가장 나중에 설한 경전이 제일 수승한 경전'이라는 의미를 지닌 해석들입니다. 중국에서 본격화한 13종의 각 종파들은 저마다 소의경론을 지니고 있지요. '소의경론'이란 자종이 의지하는 경전과 논서를 말합니다. 여기서 '소의'란 자기가 '믿는 구석'을 말하지요. 이를테면 중관학통의 소의경전은 『반야경』입니다. 유식학통의 소의경전은 『해심밀경』이지요. 밀교학통의 소의경전은 『대일경』 등이라고 할 수 있습니다."

정여부인 : "일반적으로 경전에 대한 주석을 흔히 논서라고 합니다. 그런데 유식학통의 소의경전인 『해심밀경』(5권)은 『유가사지론』(100권)에서 독립(75~78권)한 경전(7품+서품)으로 알려져 있습니다. 이처럼 논서에서 독립한 경전도 더러 있는지요?"

시당거사 : "예. 철학적인 논서에서 독립한 경전이라고 단정하기는 어렵지만 논서처럼 철학성이 강한 경전은 『대승아비달마경』과 『불지경』 및 『금강삼매경』 등이 있습니다. 중기 대승경전으로 분류되는 이 경전의 한역 경전으로는 1) 『상속해탈지바라밀요의경』(1권, 송 구나발타라 역), 2) 『상속해탈여래소작수순처요의경』(1권, 송 구나발타라 역), 3) 『심밀해탈경』(5권, 북위 보리유지 역), 4) 『불설해절경』(진 진제 역), 5) 『해심밀경』(5권, 당 현장 역) 등 다섯 가지의 번역본이 있지요. 이 중에서 3)과 5)는 완역본이고 1)과 2)와 4)는 부분역본입니다. 우리가 읽고 있는 것은 5권 8품으로 된 현장 역본이지요. 범본은 전해지지 않고 티베트본이 현존합니다."

공덕부인 : "중기 대승경전으로서 기원전 3세기 전후에 성립된 이 경전은 1) '깊고 비밀스러운 진리를 풀이함'과 2) '굳은 매듭 같은 미혹에서 해탈하게 함'이라는 뜻을 지니고 있습니다. 구성은 경의 시설 배경을 설하는 서분의 「서품」에 이어 정종분

의 이론문[관찰대상, 境](제1~2권, 제1~5품)과 실천문[수행, 行](제3~4권, 제5~6품) 및 증과[果](제5권, 8품)를 성문지와 독각지와 보살지로 설하는 순서로 되어 있습니다. 유통분은 각 품의 말미에 품의 명칭, 받들어 지닐 것, 법회 대중이 증득한 것을 서술하는 형식으로 되어 있습니다. 유식경[境]-유식행[行]-유식과[果]의 세 구조는 후기 유식 대표적 논송인 『유식삼십송』에도 보입니다."

청화거사 : "유식 교의는 크게 1) 심식설과 2) 삼성 삼무성의 중도설과 3) 유식관으로 구성됩니다. 처음의 심식설은 다시 식전변설과 사분설 및 아뢰야식설과 종자설 그리고 말나식설과 육식설 및 심소설로 분기하지요. 두 번째의 삼성 삼무성의 중도설은 변계소집성과 의타기성과 원성실성의 삼성과 삼무성의 비공비유중도설로 나눠지고요. 마지막의 유식관은 지관행법과 오위설과 전식득지설로 이뤄지지요."

승만부인 : "이 경전에 대한 주석으로는 문아 원측(文雅 圓測, 613~696)의 『해심밀경소』(10권), 영인(令因)의 『해심밀경소』(11권), 현범(玄範)의 『해심밀경소』(10권), 원효(元曉)의 『해심밀경소』(3권), 경흥(憬興)의 『해심밀경소』, 둔륜의 『해심밀경주』(10권) 등이 있었지요. 이중 현재 널리 읽히는 것은 원측의 주석입니다. 이 주석서의 제8권의 앞과 제10권이 산일되었지만 티베

트본은 현존합니다. 티베트본을 토대로 일본의 이네바 쇼오쥬(稻葉正就)가 제8권의 앞과 제10권을 한문으로 환역(還譯)한 완본이 『한국불교전서』(동국대출판부) 제1책에 수록되어 있습니다."

도오거사 : "원측의 『해심밀경소』가 『티베트대장경』에 입장(入藏)되었다면 당시 중국과 티베트 일대에서 많이 읽혔다는 증거로 볼 수 있겠군요."

덕만부인 : "그렇습니다. 현재 중국의 섬서성, 사천성, 감숙성, 청해성과 티베트 일대에서 신라 출신의 원측과 원효(617~686)와 무상(684~762)에 대한 관심이 증대되고 있습니다."

환정거사 : "본디 유식은 아비달마의 대승적 개화라고 할 수 있습니다. 해서 소승 아비달마와 구분하여 대승 아비달마라고 하지요. 유식이 유가사들이 수행을 통해 체득한 것을 이론화한 것이라는 점에서 유식은 기본적으로 실천행입니다. 『삼국유사』에 따르면 신라에서도 유식가를 선사(禪師)로 분류했었던 사실을 알 수 있지요. 때문에 이 경의 「분별유가품」은 수행문의 대표품으로서 중요시되어 왔습니다."

민락부인 : "예, 거기에서는 '자씨보살이 다시 부처님께 여쭈었다. 세존이시여! 모든 비발사나삼마지 중에서 영상(影像)은

이 마음[心]과 같은 것입니까, 다른 것입니까? 부처님께서 자씨 보살에게 말씀하셨다. 선남자야! 둘은 같은 것이다. 왜냐하면 그 영상은 오직 식(識)이기 때문이다. 선남자야! 식의 대상은 오직 식이 현현한 것[唯識所現]이다'고 말합니다."

만산거사 : "이곳에서 '식'이란 용어가 처음 나옵니다. 바로 이 내목에서 유식(唯識)사상이 생겨나지요. 여기에서 '요가를 닦는 마음속에 나타나는 갖가지 영상은 다만 식에 지나지 않는다'는 언표처럼 자각적인 체험의 강조는 유식사상의 내면적 원동력이 되었습니다. 다시 말해서 유식학 성립의 원동력은 요가 체험이었던 것이지요."

정여부인 : "이 경전에서는 특히 유가사(瑜伽師)가 지관(止觀)을 수행하는 과정에서 체험한 직관을 이론화 한 것입니다. 유가행파(瑜伽行派)라는 이름에도 이미 지관 수행이란 뜻이 있지요. 지관의 종류에는 1) 선정의 마음 위에 현현된 유분별 영상을 사유하는 유상관(有相觀), 2) 거치른 지혜로써 사물의 이치를 살피는 심구관(尋求觀), 3) 미세한 지혜로써 사물의 이치를 관찰하는 사찰관(伺察觀)이 있습니다. 사마타의 종류에는 ①유상의 사마타, ②심구의 사마타, ③사찰의 사마타, ④색계의 네 가지 정려[四靜慮]와 무색계의 네 가지 선정[四定], ⑤네 가지 무량심정[四無量心定]이 있지요. 위빠사나의 종류에는 ①유상의 위빠

사나, ②심구의 위빠사나, ③사찰의 위빠사나가 있지요.”

시당거사 : “유식가들은 식을 ‘인식하는 것’과 ‘전변하는 것’으로 나눠봅니다. 전기(舊) 유식은 식을 인식하는 것으로 보았고, 후기(新) 유식은 식을 전변하는 것으로 보았지요. 특히 유식사상의 소의논서인 세친의 『유식삼십송』 제17송에 대한 안혜(安慧)는 ‘이 식이 변화해서 된 것(轉變)은 허망 분별(虛妄分別)이다. 무릇 이 허망 분별에 의해서 분별된 것은 실재로 존재하는 것이 아니다. 따라서 이 일체는 오직 식 뿐이다’며 유식가의 견해를 잘 보여주고 있지요. 우리가 인식하는 것은 식이 변화해서 이루어진 것이므로 실재하는 것이 아니라는 것입니다. 그것은 단지 허망 분별에 의해 만들어진 것이라는 주장이지요.”

공덕부인 : “그러니까 식이 무엇을 인식한다는 것은 곧 식 그 자체가 대상과 비슷하게 현현할 뿐[似現]이라는 것이군요. 나중에는 인식의 주체인 식(識)과 그 대상인 경(境)이 모두 없는[俱泯] 데로 나아가서 결국은 대상을 있는 그대로 파악해야 한다는 것이군요. 그래서 호법이 ‘이 여러 가지 식이 변화해서 분별하는 것과 분별되는 것으로 된다. 이 때문에 그것들(我와 法)은 모두 존재하지 않는다. 그러므로 일체는 오직 식 뿐이다’고 말하는 것이군요.”

청화거사 : "호법과 현장은 식 자체를 다시 '분별하는 것'[見分]과 '분별되는 것'[相分]으로 설명하지요. '보여지는 것'[相分]은 식이 변해서 나타난 것이며 그것은 의식으로부터 독립된 객관적 실재가 아니라고 보는 것입니다. 해서 삼장법사 현장(602~664)은 식을 '인식하는 것'으로 보지 않고 '전변하는 것'으로 보지요. 식은 스스로 인식주관[見分]과 인식대상[相分]으로 나타나 활동하는 것입니다. 유식무경(唯識無境)은 바로 식이 변해서 나타난 것으로서의 상분만 있을 뿐 의식 바깥에 실재하는 대상은 존재하지 않는다는 것이지요."

승만부인 : "그래서 '알게 하는 것'(비즈냡티)과 '아는 것'(비즈냐나)의 구분이 생기는 군요. 마음의 인식작용(비즈냡티)은 인식주체(비즈냐나)인 식이 자기 자신에게 인식대상(境, 아르타)을 알게 하는 것이며, 인식의 주체인 식이 대상을 아는 것이며 인식하는 것입니다. 즉 마음의 작용은 어떤 대상을 지향해서 인식하는 식의 활동이다고 말이지요."

환정거사 : "그렇다면 유식학의 소의경전인 『해심밀경』의 메시지는 무엇인지요? '심오한 의미를 해석한다'는 경전의 이름처럼 '실타래처럼 엉켜있는 심오한 의리'인 유식의 '경'(境)과 '행'(行)과 '과'(果)의 종지를 밝히는 것인지요?"

덕만부인 : "그렇습니다. '대승의 의리 중에 심오하고 비밀스러운 모든 것에 대해 해석하고 결택하는'(呂澄說) 것이 이 경전의 종지라고 할 수 있지요. 이 경은 성문(聲聞)을 위하여 사제(四諦)를 설하는 제1시, 대승(大乘)을 위하여 무자성(無自性)을 은밀하게(隱密) 설하는 제2시, 일체승(一切乘)을 위하여 무자성성(無自性性)을 드러내어(顯了) 설하는 제3시의 세 교판을 제시하고 있습니다."

시당거사 : "현장 삼장의 법통을 이은 규기(窺基, 632~682)는 『해심밀경』을 비롯한 6경 11론을 소의경론으로 삼아 자은(법상)종을 창종했지요. 이후 동아시아 법상종은 이들 경론들의 절대적 영향 속에서 전개되었지만 이 종파는 오래 지속되지 못했습니다. 아마도 너무 사변적이고 번쇄한 논의 때문에 대중들로부터 멀어진 때문으로 보입니다."

우리 도반들은 피상적인 불교 이해에서 벗어나 구체적인 불교 공부를 하자고 발심한지 20여년이 되었습니다. 그 동안 직장과 사업 및 육아와 교육 문제 등으로 불교 이해를 위한 시간 마련이 부족하였습니다. 이번 달에 읽은 『해심밀경』은 불교의 철학성과 사변성 및 수행론과 실천행을 재인식하는 기회가 되었습니다. 동시에 기도와 염불 및 관광과 방생 불교의 이미지를 벗어나는 계기가 되었습니다. 나아가 불교 경전이 만학의 제왕인 철학의 본질을 담고 있다는 생각들을 싹트게 했습니다. 이제 우리는 진리에 대한 '확신'[信] 위에서 불교에 대한 '이해'[解]와 닦음에 대한 '실행'[行], 나아가 진리에 대한 '체증'[證]으로 나아가는 통로를 엿볼 수 있게 되었습니다. 무더운 한 여름을 씻겨주는 촉촉한 단비가 되었습니다.

8월의 경전 — 『승만경』

승만부인의 설법과 수기

모두들 장마가 지나고 더위가 몰려오자 휴가를 떠납니다. 그런데 대개의 휴가란 것이 이동과정에 이미 진이 빠지기 마련입니다. 많은 이들이 목적지로 가는 길이 주차장이 되어버린 것을 보고 집 떠난 것을 후회합니다. 차라리 집에서 가족들과 선풍기(에어콘)를 켜놓고 수박 한 통을 나눠먹는 것이 좋을지 모릅니다. 나아가 "우리 모두가 성불할 수 있다"는 확신을 주는 『승만경』을 함께 읽는 것이 나을지 모릅니다. 우리 도반들은 이번 휴가철에 한 거사-부인의 집에 모여 '승만부인의 설법과 수기'를 설하는 『승만경』을 읽기로 했습니다. "재가불자와 여성들도 성불할 수 있다"는 이 경설은 거사들과 부인들의 신행을 재촉했습니다.

환정거사 : "오랫동안 신행을 해 오면서 '재가불자의 정체성'에 대해 생각해 보았어요. 초기불교와 부파불교의 출가 중심 신앙과 달리 대승불교는 재가 중심의 신행을 해 왔습니다. 이제 출가자의 '외호'(外護)와 '청법'(請法)에 머무는 불자가 아니라 재가자의 '깨침'과 '나눔'을 행하는 수행자로 거듭나 보고자 합니다. 불교적 인간의 삶의 모델도 '아라한상'에서 '보살상'으로 전이되어야 합니다."

민락부인 : "당시에는 불탑 신앙의 흥기, 불전 문학의 탄생, 대승 경전의 편찬 등이 주요한 계기가 되었지요. 지금 역시 그

러한 변화의 중심에는 재가불자들의 올바른 위상을 확보해야 한다는 자각이 있어야겠지요?"

만산거사 : "그렇습니다. 이제 '수동적인 불자'가 아니라 '능동적인 불자', 다시 말해서 '배우는 불자'가 아니라 '행하는 불자'로 바뀌는 것이지요."

정여부인 : "『승만경』은 본디 『승만사자후일승대방광방편경』(1권)입니다. 보리유지가 개역한 『대보적경』 제48 승만부인회가 있지만 널리 알려진 것은 구나발타라가 번역한 것이지요. 대부분의 주석도 이 번역에 근거하고 있습니다. 범본은 산실되었지만 『보성론』 속에서 상당부분을 인용하고 있고 『대승집보살학론』 속에도 인용이 있어서 범본의 단편을 엿볼 수 있지요. 티베트역본은 『대보적경』 제48 승만부인회를 번역한 것입니다."

도오거사 : "지금의 15과단은 원래의 번역본에는 없던 것입니다. 『고려대장경』에서 처음 채용한 이 과단은 예로부터 널리 이용되었지요. 『승만경』은 '모든 존재들은 여래의 본성[如來藏]을 지니고 있다'는 여래장계(『여래장경』, 『부증불감경』 등) 경전의 중심입니다."

승만부인 : "이 경전은 사위국의 파사익왕과 말리부인이 딸인 승만부인의 보리심을 일으키기 위해 편지를 쓰는 것으로 시작하지요. 승만부인은 부처님께 귀의한 뒤 10대서원과 3대원을 세웁니다. 다시 하나의 큰 원인 정법(正法)을 받아들이는 원을 설하려고 하자 부처님이 이것을 기쁘게 받아들여 듣기를 허락한다는 형식을 취하고 있지요. 승만부인은 '정법'은 '삼승'(三乘)의 가르침이 모두 대승의 '일승'(一乘)에 귀일한다는 것, 중생이 모두 번뇌에 싸여 있지만 본성은 청정 무구하여 여래와 같은 여래의 성품을 갖추고 있다고 제시합니다. 하여 공(空)과 불공(不空)의 양면을 아는 이것을 정지(正知)라고 하지요. 그런데 부처님의 말씀에만 붙이는 '사자후'를 승만부인에게도 그대로 쓰고 있는 점이 주목됩니다."

시당거사 : "『승만경』의 일승사상은 『법화경』의 일승사상을 계승한 것입니다. 특히 이 경전은 재가의 부인으로 하여금 그 법을 설하게 하고 있다는 점에서 『유마경』과 함께 재가주의를 표방하는 대표적인 것이지요. 종교인의 다수가 여성이라는 점을 고려하면 이 경전은 독특한 울림을 주고 있습니다. 때문에 『승만경』은 대중들에게 널리 보급된 친밀한 경전이지요. 이 경전에 대한 주석서도 혜원의 『의기』(2권, 하권 산실), 길장의 『승만경보굴』(3권), 원효의 『승만경소』(집일본), 규기의 『승만경술기』(2권), 일본 성덕태자의 『승만경의소』(1권) 등 다양합니다."

덕만부인 : “흔히 여인의 몸에는 다섯 가지 장애가 있어 범천왕, 제석, 마왕, 전륜성왕, 불신(佛身)이 되지 못한다는 ‘여인오장설’의 관점에서 보면 이 경전은 파격적입니다.”

청화거사 : “『법화경』에서 사리불은 ‘여성은 성불할 수 없다’[女人不成佛]고 종래의 여인오장설에 대해 정리한 뒤에 ‘여인은 남성의 몸으로 변한 뒤에 성불할 수 있다’[女人變性成佛]고 진전된 설을 말합니다. 그 예로 용녀(龍女)의 성불을 거론하고 있지요. 하지만 이것은 사실 여성의 성불이기보다는 남성의 성불일 수밖에 없습니다.”

공덕부인 : “그런데 『승만경』에서는 여인 승만이 설법을 하고 부처님으로부터 ‘보광(普光)여래’가 될 것이라는 수기(授記)까지 받습니다. 이것은 ‘남성의 몸으로 변하지 않더라도’ ‘여성의 몸 그대로 성불한다’는 ‘여성즉신성불설’(女人卽身成佛說)이지요.”

환정거사 : “『승만경』은 ‘올바른 가르침’[正知]을 ‘대승’이자 ‘대승의 바라밀’이라고 부릅니다. 이것은 성문과 연각과 보살 삼승 중의 ‘대승이 곧 일승’이라는 관점이지요. 여기서 대승은 곧 불승(佛乘)을 말합니다. 이것은 ‘삼승 밖에 따로 일승을 세우는’ 『법화경』의 시각과 다른 관점이지요.”

정여부인 : "승만부인은 '대승은 곧 불승입니다. 삼승은 곧 일승이기에 일승을 얻는 이는 위없이 바른 깨달음을 얻는 것입니다. 위없이 바르고 평등한 바른 깨달음[阿耨多羅三藐三菩提]은 열반입니다. 열반은 곧 여래의 법신입니다. 구경의 법신을 얻는다는 것은 곧 구경의 일승을 얻는 것입니다. 법신은 여래와 다르지 않고, 여래는 법신과 다르지 않으므로 여래가 곧 법신입니다. 구경의 법신을 얻는다는 것은 구경의 일승을 얻는 것입니다'고 말합니다."

만산거사 : "그러니까 이 경전은 '대승 - 불승 - 아뇩다라삼먁삼보리 - 열반 - 구경법신 - 구경일승 - 여래'를 모두 같은 뜻으로 설합니다. 이러한 이치는 인간과 천인, 성문과 연각 등은 알 수 없으며 오직 부처님만이 알 수 있는 것이지요."

공덕부인 : "이 여래장사상은 『법계무차별론』과 『보성론』, 『무상의경』과 『불성론』, 『능가경』과 『기신론』에서 수용되고 발전되었지요."

시당거사 : "여래장 사상은 인도와 서역을 거쳐 중국에 와서 종합됩니다. 지론종 남도파와 북도파의 대립 역시 여래장에 대한 해석의 차이 때문이지요. 즉 지론종 남도파에서는 아려야식(阿黎耶識)을 정식(淨識)으로 이해하고 8식설을 취한 반면, 북도

파에서는 아려야식을 진망화합식(眞妄和合識)으로 인식하고 9식설을 취합니다. 이것은 제8식을 망식으로 하고 제9식을 진식과 청정식으로 하는 것입니다. 남도파의 학설은 송역(宋譯) 4권『능가경』의 학설과 같으며, 북도파는 위역(魏譯) 10권『능가경』의 학설과 같은 것입니다. 제9아마라식을 정식으로 간주하는 진제의 섭론종이 일어나자 결국 북도파는 섭론종과 합쳐져 소멸하고 남도파만이 홀로 번영했습니다."

덕만부인 : "여래장에 대한 논의는『대승기신론』에 와서 절정을 이룹니다. 원효의『대승기신론별기』와『대승기신론소』에서 거론하는 일심(一心)과 심진여(心眞如)－심생멸(心生滅)의 구도 및 체상용(體相用) 삼대(三大)의 배대 등에 의해 극대화됩니다. 원효의 영향을 크게 받은 중국의 법장 역시 마찬가지입니다. 그는 소승교－대승시교－대승종교－대승돈교－대승원교의 5교(10종)판을 세운 뒤에 후기 저작에서 원효의 4교판에 영향을 받아 다시 수상법집종(소승교 1종~6종)－진공무상종(대승시교 7종), 유식법상종(대승시교, 10종판에는 없음), 여래장연기종(대승종교 8종)의 4종판으로 교판을 수정한 뒤 화엄까지도 '여래장연기종'에 포함시켜 버립니다."

덕만부인 : "나아가 법장은 '일심'(一心)과 '여래장'(如來藏)을 합친 '일여래장심'(一如來藏心)이란 술어도 만들어냈지요."

만산거사 : “그렇습니다. 이 기호는 7~8세기 동아시아 사상계를 관통하는 주요 개념이었습니다. 그것은 곧 ‘여래장’과 ‘아려(黎, 梨, 頼)야식’과 ‘일심’을 어떻게 연결시키느냐의 문제였지요. 이것은 인간의 심연과 세계의 본질에 대한 깊은 탐구의 과정에서 생겨난 문제이기도 했습니다.”

정여부인 : “이 팔식구식(八識九識) 논변은 부처와 범부의 경계를 ‘갈라 볼 것인가’(9식론)와 ‘함께 볼 것인가’(8식론)의 문제로 집중됩니다. 이를테면 ‘나는 이미 한 소식을 했는데 감히 누가 나를 가르쳐’라는 아만심을 갖는 이에게는 ‘너는 아직 진망화합식 속의 진식을 경험했을 뿐’이라며 ‘8식 바깥의 아마라식을 얻도록 수행을 촉구하는 것’이지요. 반대로 ‘나 같은 사람이 감히 어떻게 부처가 되겠어’라는 자굴심을 갖는 이에게는 ‘망식 속에 사는 너나 진식 속에 사는 부처나 모두 팔식을 지니고 있으니 어떠한 인식의 전환을 통해 망식을 진식으로 전환시키면 너도 부처가 될 수 있어’라며 수행을 촉구하는 것이지요.”

도오거사 : “여래장도 번뇌에 얽힌 재전(在纏)여래장이 있고 번뇌에서 벗어난 출전(出纏)여래장이 있습니다. 출전여래장은 법신(法身)이라고도 하지요. 이처럼 여래장을 둘러싼 논의의 의미영역은 매우 넓습니다. 중국에 건너와서는 여래장은 ‘인성론’(人性論)의 입장에서 새롭게 해석되어 ‘불성’(佛性) 개념으로

재탄생하지요.”

민락부인 : “결국 『승만경』은 『유마경』과 함께 부파불교의 출가중심주의와 형식주의를 정면으로 비판하면서 재가 중심의 수행을 강조하고 있지요. 여래장사상을 역설하는 이 경전의 특징은 1) 일상생활을 통한 수행의 강조, 2) 현실참여를 통한 대중 구제의 강조에 있습니다. 그런 면에서 『승만경』은 대승불교의 지향을 가장 잘 보여주는 경전 중의 하나라고 할 수 있지요.” 도반들과 『승만경』을 함께 읽으며 휴가를 보낸 것은 획기적인 것이었습니다. 요즈음은 템플스테이(사찰체험)와 수련대회로 휴가를 보내는 이들도 제법 있습니다. 불자의 정체성은 ‘배우는 나’에서 ‘행하는 나’로의 전회를 통해서 확립되는 것입니다. 그러기 위해서는 1) 부처님 전기 1권 이상을 수지 독송하고, 2) 『불교사전』 1권 이상을 구비 탐구하고 3) 불교관련 신문을 1종 이상을 정기 구독하고, 4) 불교관련 잡지 1종 이상을 구매 탐독하고, 5) 가까운 사찰의 정기법회에 참석해야 합니다. 이들 다섯 가지는 불제자로서의 정체성을 확립하고 인식틀을 확보하는 지름길임을 확신할 수 있었습니다.

9월의 경전 — 『능가경』

중관과 유식 사상의 원만한 회통

한여름을 주름잡던 매미소리가 잦아드는 가을 문턱입니다. 우리의 불경공부도 한 해의 종반으로 치닫고 있습니다. 일주문에서 시작된 우리의 걸음은 금강문과 사천왕문을 지나 이제 불이문(해탈문)을 넘어 대웅전으로 다가가기 시작했습니다. 씨줄로는 삼법인(세계관)에서 시작하여 사성제(성문승)와 십이연기(독각승)와 육바라밀(보살승)을 넘어 일불승(진실)으로 나아가고 있습니다. 날줄로는 인도에서 시작하여 서역 및 중앙아시아를 거쳐 중국을 향해 건너오고 있습니다. '진리를 위해 목숨을 걸고 사막을 건너온' 많은 전법승들의 숨소리를 듣습니다. 우리 도반들은 '위법망구'[爲法忘軀]의 정신을 되새기며 『대승입능가경』(7권)을 읽었습니다.

만산거사 : "『능가경』은 인도불교와 중국불교의 통로라고 할 수 있습니다. 이 통로를 통해 중국의 사가대승(삼론, 법상, 천태, 화엄) 및 초기 선종사가 형성될 수 있었습니다."

민락부인 : "이 경전은 남인도 지방의 산으로 추정되는 마라야산(능가산)정의 능가성에서 설해진 것으로 알려져 있지요. 중국에서는 1) 북량(北凉)의 담무참이 번역(420~430)한 『능가경』(4권, 실전), 2) 유송(劉宋)의 구나발타라가 한역(443)한 『능가아발다라보경』(4권), 3) 위(魏)나라의 보리류지가 번역한(513) 『입능가경』(10권), 4) 당(唐)나라의 실차난타가 한역(700~704)한 『대

승입능가경』 등 300여 년에 걸쳐 네 차례 한역되었습니다. 그런데 우리는 『능가경』에 대해 그다지 주목하지 않아 왔습니다. 초기 선종의 소의경전이었던 『능가경』이 중기 선종 이후 『금강경』에 가려 대중화되지 못한 이유는 어디에 있는지요?"

환정거사 : "인도불교의 중관과 유식을 통섭하고 있는 『능가경』은 대승 소승의 불교사상을 통하여 유식사상의 체계를 완성한 세친(400?~480?) 이전에 성립된 경전으로 보는 설이 유력합니다."

공덕부인 : "원효(617~686)시대만 해도 『4권능가경』과 『10권능가경』 모두가 널리 읽혔던 것으로 보입니다. 이 경전의 영향 속에서 성립한 『대승기신론』에 대한 원효의 『기신론별기』와 『기신론소』 등에는 이들 경전의 많은 부분이 인용되어 있지요."

시당거사 : "달마대사는 혜가에게 '4권경'을 택하여 전수했다고 하지요. 법장(643~712)도 소승교 – 대승시교 – 대승종교 – 대승돈교 – 대승원교로 분류한 화엄 오교판에서 선종에 상응하는 대승돈교에 『유마경』과 함께 『능가경』을 비정했습니다. 그런데 '4권경'은 '7권경'과 내용이 유사하지만 맨 앞의 「라바나왕권청품」과 「다라니품」(1권), 「게송품」(2권)이 없지요. 그리고

문장도 간결하고 고풍이어서 해독하기도 어렵습니다."

덕만부인 : "그래서 보리류지는 '4권경'에서 빠진 부분을 보완해서 10권 18품으로 전품(全品)을 갖추었지요. 이후 법장은 '10권경'은 '성스러운 뜻이 드러나기 어렵게 되어 있을 뿐 아니라 덧붙인 글자와 뒤섞인 문장으로 뜻을 파악하는 데 헤매게 하거나 잘못 이해하게 한다'고 평가를 했습니다. 그 뒤 측천무후의 요청에 의해 실차난타가 범본(5종)을 토대로 하고 이전 두 본을 대조 취사선택하여 '7권경'으로 역출했지요. 해서 우리가 현재 널리 읽고 있는 것은 이 7권본인 『대승입능가경』입니다."

도오거사 : "『능가경』은 대승의 두 교학인 중관과 유식 사상이 가장 원만하게 회통되어 있다는 평가를 받고 있습니다. 뿐만 아니라 일승과 이승과 삼승의 일체법문이 외도의 교의와 대비되어 강설되고 있지요. 그리고 각 가르침들의 '위상'과 '의미'가 제시되어 있어 수행분상에서 행자가 스스로 지표를 명확히 세우고 갈 수 있게 해 줍니다. 때문에 『속고승전』을 편찬한 도선(596~668)은 이 경전에 대해 '그 문리(文理)가 매우 조화롭고, 행질(行質)이 서로 관통한다'고 했지요."

승만부인 : "이 경전은 자각성지(自覺聖智), 즉 부처님의 자내증(自內證)의 소식을 전하고 있습니다. 즉 '인식되는 모든 것은

자기 마음의 영상에 지나지 않으므로'[自心所顯] 대상 자체에 얽매여서는 아니된다는 것이지요. 그래서 자각성지는 '상태와 차별의 미망으로부터 인식을 초월할 때 이를 수 있다'고 역설합니다."

청화거사 : "'4권경' 권1의 말미에도 '진실한 성지[聖智]는 언설에 있지 않다. 이 때문에 마땅히 의(義)에 의지하고 언설(言說)에 집착하지 말라'고 역설하지요. 그러니까 이 경전은 교리의 중요성을 특히 강조하면서도 문자에 떨어지거나 빠지지 말 것을 곳곳에서 강조하고 있습니다."

정여부인 : "'7권경' 권5에서도 '어떤 사람이 손가락으로 사물을 가리키면, 어린 아이는 손가락을 보고 사물을 보지 않는 것과 같다'는 비유를 들고 있지요. 이것은 달과 손가락, 도강[渡江]과 뗏목, 즉 진실(목적)과 방편(수단)의 떨어질 수 없는 관계를 보여줍니다. 다시 말해서 방편을 매개하지 않고 진실을 전할 길은 없음을 보여주지요."

만산거사 : "이 경전은 '교리를 주로 하고 선법을 종으로 하는'[主敎從禪] '교선일치(敎禪一致)' 입장을 취하고 있습니다. 즉 '교에 의지하여 진리를 깨닫는'[藉敎悟宗] 것이며 이것은 일체 불보살의 공통된 길이지요. 달리 말하면 선과 교를 겸행(兼行)—

겸수(兼修)하는 것입니다. 본디 교외별전이란 '교를 전제하되 문자상과 언설상에 붙들리지 말라'는 것이었지요."

공덕부인 : "그렇다면 '교외별전'은 크게 오해되어 온 것이군요. 원래 '교외별전'의 구절이 처음 등장하는 『임제록』(사료적 문제 내포)과 『조당집』, 『설봉어록』, 『현사광록』, 『운문광록』에서는 '교에 의지해서 종을 깨닫는다'라는 의미였습니다. 즉 『선문염송집』의 제14 「석상장」은 '반드시 교외별전의 일구(一句)를 알아야 한다'와 '비구(非句)이다'는 석상과 '비구(非句)여야 비로소 구(句)이다'는 운문의 일갈처럼 모두가 '문자상'과 '언설상'을 떠난 것이 '교외별전'임을 또렷이 보여주고 있지요."

환정거사 : "사실상 초기 선종 시대에는 교종이니 선종이니 하는 구분은 없었습니다. 해서 당말 오대까지는 '이심전심 불립문자'보다 오히려 '교외별전'이라 일컫는 것이 자연스러운 것이었습니다. 아마도 남종 주창자들의 의도적 선전에 의한 까닭이기도 하겠지만 '교외별전'의 의미가 오해되기 시작하면서 경론의 깊은 이해가 없는 시대로 흘러갔지요. 그래서 그 폐해가 매우 깊어졌습니다."

민락부인 : "유심(唯心)과 일심(一心)을 근본으로 하는 『능가경』의 심법(선법)은 달마대사가 역설한 것처럼 '교'에서 그

'의'(義)와 '리'(理)를 또렷이 알아야 비로소 깨달아 들어갈 수 있다는 것을 의미하지요. 다시 말해서 교외별전은 '교를 통해서 비로소 교를 초월할 수 있다'는 것을 가리킵니다. 때문에 처음부터 교리의 이해도 거치지 않고서는 교상(敎相)을 벗어날 수 없지요."

시당거사 : "이 경전은 여래장과 아라야식을 동일시하는 사상을 내세웠습니다. 모든 것을 빚어내는 생명체인 아라야식은 종자식(種子識)으로도 불리지요. 그런데 이 아라야식은 행위의 습관에 의해 훈습(인상)되어 지고 습성이 되어 습기로 남으며 다음 자극에 촉발되어 활동하기 위한 종자가 되므로 종종 실체시되기도 합니다. 이와 달리 여래장은 우리의 내부에 성불할 수 있는 자질이 내포되어 있다고 여겨지지만 실체시 되지는 않지요."

공덕부인 : "『능가경』 이전에는 아라야식과 여래장이 두 계통으로 존재했지요. 그러다가 이 경전에 와서 비로소 하나로 화합됩니다. 이 때문에 후대에 성립된 『대승기신론』에 커다란 영향을 주었다고 보지요."

시당거사 : "또 이 경전은 사람은 타고난 종성에 따라서 각기 깨달음에 이르는 길이 다르다는 오성각별설(五性各別說)을 전합니다. 즉 1) 설법과 경전에만 의지하면서 자기의 깨달음만 추구

해 가려는 성문종성, 2) 설법이나 경전과 같은 스승 없이 혼자서 성자의 깨달음을 이루는 연각종성, 3) 여래의 깨달음을 이루는 여래종성, 4) 삼승 가운데 어떤 깨달음을 이룰 것인지가 결정되어 있지 않은 부정종성, 5) 깨달음과는 인연이 없고 그것을 이루는 일조차 불가능한 무성종성이지요."

덕만부인 : "선종의 소의경전이 된 『능가경』은 인도 이래의 선정에 대해 네 가지 선법[四種禪]으로 분류하고 있지요. 즉 1) 어리석은 사람이 '자기의 개체에 실체가 없다'[人無我]를 관찰하는 선정인 우부소행선(愚夫所行禪), 2) 존재하는 것에는 실체가 없다[法無我]는 의미를 관찰하는 선정인 관찰의선(觀察義禪), 3) 진여를 대상으로 하는 선정인 반연<진>여선(攀緣<眞>如禪), 4) 여래의 경지에서 성스러운 자기의 깨달음의 지혜를 즐기고 모든 중생의 이익에 전념하는 선정(如來禪)으로 보았습니다. 그러니까 모든 종교적 행위를 선정으로 본 것이지요. 결국 여래선이 대표적 선이라는 의미이기도 합니다. 능가선의 핵심 요의 역시 '문자를 떠나 심성을 보는 것'이 이입(理入)이며, 이입이 전제되어야 비로소 달마선이고 능가선이지요."

만산거사 : "당나라의 종밀은 이 경전의 사종선 분류에서 착상하여 선의 깊고 얕은 경지를 1) 외도선, 2) 범부선, 3) 소승선, 4) 대승선, 5) 최상승선의 다섯 가지로 나누었지요. 하지만 초기

선종사와 달리 중후기 선종사는 최상승선을 다시 조사선과 여래선으로 분리해 조사선을 올리고 여래선을 내렸습니다. 그 결과 이 경전이 밀려나고 『금강경』이 소의경전으로 떠오른 것이기도 하지요. 그리고 『능가경』의 마지막 「단식육품」에서는 출가한 사람은 '고기를 먹지 말아야 한다'고 역설하고 있습니다. 이것은 불교의 계율관과 육식관의 소통 혹은 접점을 들여다볼 수 있는 귀중한 품이지요."

우리 도반들 역시 『능가경』의 '교[理를 드러냄]에 의지하여 종[진리인 心性]을 깨닫는다'[藉教悟宗]는 것처럼 '교외별전'의 참다운 의미를 회복하는 것에 불경공부의 의미를 두고 있습니다. 동시에 문자와 언어를 빌려 가르침을 펴는 것은 '일체 현상이 자기 마음이 나타난 것'[自心所顯]이고, '오직 마음일 뿐'[唯心]이라는 의(義)를 깨닫게 하기 위함이라는 사실을 알기 위함입니다. 가을이 시작되면서 우리는 '경전'[教]과 '수행'[禪]은 나눠질 수 없다는 생각을 다잡게 되었습니다. 이 경전은 '가르침을 모르고 무엇을 깨달을 수 있겠는가'라는 명제를 환기해 주었습니다.

10월의 경전 — 『능엄경』

여래의 밀인과 보살의 만행

한 해의 피땀이 무르익어가는 가을 한복판입니다. 주위에는 황금들판이 펼쳐져 있고 우리의 내면은 불경공부로 인해 점점 환해지고 있습니다. 저 산기슭의 '아함'에서부터 능선의 '반야'를 지나 '법화'와 '화엄'의 봉우리를 넘고 '유마'와 '해심밀'과 '승만'의 능선에서 다시 '능가'와 '능엄'의 수행을 실참해 보고 있습니다. 이들 불경을 향한 우리의 유행(遊行)은 유산소 운동과 몸 푸는 체조를 거쳐 자전거와 런닝 머신을 마친 뒤에 낱낱의 운동 기구에서 전신을 골고루 단련시키는 헬스장의 수련과정과 다르지 않습니다. 그 사이 일상에서 쌓아왔던 몸속의 온갖 노폐물들이 땀으로 흘러나오면서 우리 몸은 점점 맑아지고 깨끗해지고 있습니다. 올 한 해의 살림살이가 여물어 가는 시월달에는 '여래의 밀인'과 '보살의 만행'을 역설하는 『대불정여래밀인수증요의제보살만행수능엄경』(수능엄삼매경, 10권)을 읽기로 했습니다.

정여부인 : "이번 달에 우리가 읽기로 한 『능엄경』의 갖춘 이름은 『대불정여래밀인수증요의제보살만행수능엄경』(大佛頂如來密因修證了義諸菩薩萬行首楞嚴經)입니다. 아마도 경 이름이 가장 긴(20자) 경 중의 하나일 거예요. 이 경전은 『능엄경』, 『수능엄경』, 『수능엄삼매경』 등으로도 약칭됩니다."

시당거사 : “경 제목인 ‘수능엄’은 범어 ‘수릉가마’의 음역입니다. ‘모든 미세한 번뇌를 단절하며 절대로 부서지지 않음’을 의미합니다.”

정여부인 : “본디 『능엄경』은 특별히 존중받아서 인도 나란타사의 석탑 속에 봉안되어 절 밖으로 유출되지 못하도록 금지했던 경이라고 합니다. 그런데 인도의 반랄밀제(Paramiti)가 이 경전을 널리 유통시키기 위해 당나라 중종 때(705)년 범본을 중국으로 몰래 가져와서 거사 방융(方融)의 집에서 번역했다고 전합니다. 때문에 이 경전은 국가적 지원 없이 개인적 원력으로 번역했다는 점이 특별한 것이지요.”

도오거사 : “이 경전의 범본은 전해지지 않고 직립(直立)의 굽타문자로 씌어진 단편(斷片)이 발견되었습니다. 적천(寂天)의 『대승집보살학론』 속에서도 두 차례 인용되어 있고요. 구라마집의 한역(384~417)과 티베트역도 현존합니다. 아마도 광본(廣本)과 약본(略本)의 4종이 있었던 것으로 생각됩니다만 우리가 읽고 있는 반랄밀제 역은 광본의 한역으로 간주되지요.”

덕만부인 : “『수능엄삼매경』의 최고(最古)층 한역본은 현존하지 않지만 처음에는 지루가참에 의해 번역(185)되었습니다. 내용적으로도 『화엄경』과 『유마경』과 『법화경』의 사상 형성에

선구가 된 것으로 평가받고 있지요. 이 때문에 이 경전은 적어도 기원전 100년경까지의 기간에 원전이 성립되었을 것으로 봅니다."

환정거사 : "중국 송나라의 『능엄경』 주석가인 장수 자선은 '대불정' 3자는 '이 경의 법체'로, '여래밀인수증요의' 8자는 '여래가 체득한 수행의 성과로써 법을 설해 중생을 이익되게 한다'로, 그리고 '제보살만행수능엄'은 '성불의 행을 널리 닦아 자타의 수행을 구족한다'는 뜻으로 풀었습니다."

덕만부인 : "그러니까 이 경전의 제목은 '여래께서 제시한 최상의 진리로써 근본적인 가르침을 닦아 증득하게 하고 모든 보살의 온갖 행을 설하여 성불의 행을 널리 닦아 자타의 수행을 구족하는 가르침'이라는 의미를 지니고 있군요."

만산거사 : "한 때에는 중국 법상종의 학자들이 『능엄경』을 위경(僞經)이라고 했습니다. 하지만 당 대의 규봉 종밀(圭峰宗密)이 찬술한 『원각경대소(초)』에서 이 경전을 중시한 이래 송 대의 영명 연수(永明延壽), 장수 자선(長水子璿, 965~1038), 계환(戒環), 명대의 영각 원현(永覺元賢)과 감산 덕청(憨山德淸), 고려의 한암(閑庵) 보환(普幻) 등에 의해 주석서가 씌어졌고 널리 유통되어 왔습니다."

도오거사 : "『능엄경』은 동아시아의 화엄종, 진언종, 선종, 율종 등에서 가장 소중하게 존중되고 있는 경전입니다. 특히 이 경전은 중국의 송대와 명대에 가장 많이 읽혔고 주석서도 다른 경전보다 많이 나왔습니다. 우리나라에서도 소중한 경전으로 인정받아 열독되었습니다."

만산거사 : "조선의 율곡도 어머니를 잃고 금강산에서 삼년간 수도할 때[昔在山中] 이 경전을 많이 읽었다[多讀楞嚴]고 합니다. 근대 고승 중에서 경허, 용성, 한암선사가 이 경전에 통달했다고 하지요."

민락부인 : "이 경전은 팔만 사천 경전의 핵심을 담고 있습니다. 인천(人天)교와 소승법, 대승법과 일승교에 대해 모두 설하고 있어 이 경전만 제대로 읽고 이해할 수 있다면 불교의 깊은 뜻을 충분히 이해할 수 있을 것이라고 하지요. 특히 최상승의 도리를 체계적이고 논리적으로 제시하고 있어 대장경 중에서 독특한 지위를 차지합니다."

시당거사 : "『능엄경』이 수행자들에게 널리 읽히는 이유는 마경(魔境)에 대한 자세한 풀이 때문이기도 합니다. 수행자들이 '사마타'와 '위빠사나'를 닦을 때 오음(五陰) 각자가 겪게 되는 미세한 마경 10가지씩을 합친 50가지 마경에 대해 자세히 설하

고 있습니다. 수행자에게 마구니가 찾아와 방해하더라도 아무런 미혹이 없으면 마구니도 어쩔 수 없음을 밝히기 위함이지요. 만일 우리가 발심해서 공부할 때 자기 자신의 오음에서 일어나는 마경을 분명히 알아차리지 못한다면 도적을 아들로 착각하는 어리석음을 범하기 쉽기 때문입니다."

공덕부인 : "이 경전은 걸식을 나간 아난이 마등가녀의 환술에 빠져 그녀의 방에서 계율을 어기려는 찰라 부처님은 미간 백호에서 광명을 내어 동방의 팔만 사천의 세계를 비추시면서 이 경전은 시작하고 계시지요. 부처님의 화신이 결가부좌의 자세로 신주(神呪)를 말씀하시면서 문수사리 보살에게 명령을 내립니다. 그러자마자 삿된 주문은 소멸되었고 문수보살은 아난과 마등가녀를 이끌고 부처님 계신 곳으로 돌아오지요."

청화거사 : 『능엄경』은 25가지 원통과 관세음보살 보살의 이근원통에 기반한 '반문(反聞) 공부'의 제시에 있다고 알려져 있습니다. 즉 '말소리를 듣는 것을 돌이켜 자기 마음의 소리를 들으라'[反聞聞自性]는 것입니다. 이는 소리를 듣는 데 끌려가지 말고 소리를 듣는 그 마음자리를 돌이켜 들어야 한다는 것을 의미하지요. '반문문자성'은 관세음보살의 '이근원통'(耳根圓通)을 가리킵니다."

정여부인 : "관세음보살은 자신의 수행방편인 이근원통에 대해 '항하사겁 전에 출현하신 관세음 여래로부터 문(聞), 사(思), 수(修) 삼혜(三慧)를 닦으라는 가르침을 받고 수행한 결과 위로는 시방제불의 본각묘심과 합일된 자력(慈力)을 얻었으며 아래로는 시방의 일체 육도 중생을 모두 평등한 자비로써 구원한다' 고 말하지요."

환정거사 : "이근원통은 육근, 육경, 육식의 십팔계에 칠대(四大+空大+見大+識大)를 더한 25가지 원통을 말합니다. 조용히 앉아서 소리를 듣는 자기 마음의 소리를 들어 금방 고요하게 되는 것이지요."

덕만부인 : "달마대사도 '자기 마음을 관하는 법 한 가지가 온갖 것을 포괄한다'[觀心一法 總攝諸行]고 말했지요. 자기 마음을 돌이켜 듣는 것은 바로 달마 대사의 관심법과도 통하는 것입니다. 소리를 듣는 것을 돌이켜 마음자리를 들으니 자기 마음이 이내 밝아져 주관과 객관을 초월하고 저 시공을 벗어나게 되는 것이지요. 해서 반문문자성의 수행은 이 경전의 가장 중요한 특징을 보여줍니다."

만산거사 : "이 경전은 이근원통 수행법 이외에도 도량을 장엄하는 법, 능엄주 외우는 공덕, 열 두 가지 중생이 생기는 이유,

수행의 단계, 일곱 가지 세계, '오십 가지의 마경'[五十辨魔境]에 대해 소개하고 있습니다. 일상생활의 구체적인 현상에서부터 시작해 논리적으로 아난의 미혹을 타파하면서 체계적으로 그 가르침을 심도있게 제시하고 있지요."

승만부인 : "『법화경』「법사공덕품」에서 천 이백 공덕, 팔 백 공덕에 대해 설한 대목에 대해 천태지자(538~597)는 명쾌하게 설명하지 못했지요. 때마침 인도에서 온 어떤 삼장법사에게 천태대사가 왜 눈과 코와 몸의 공덕이 팔백이나 되냐고 물었지요. 삼장법사는 인도에 있는 『능엄경』에 육근의 공덕이 자세히 실려 있다고 답합니다. 천태대사는 이 경전이 중국에 전해지기를 기도했지만 끝내 직접 보지는 못했지요. 이 경전은 다른 경전에 비해 특히 육근의 공덕을 세밀하게 논의하고 있습니다.

환정거사 : "『능엄경』은 원돈(圓頓)의 가르침을 가장 잘 나타내준 경전 중의 하나입니다. 이 경은 반야와 법화 중간에 설해진 경입니다. 해서 이 경은 실제 수행에 있어서 어느 경전보다도 중요한 역할을 한 경전입니다. 또 수행하여 깨닫는 법을 가장 자세하게 나타내준 경으로서 대승의 극치를 설한 경전입니다."

공덕부인 : "『능엄경』의 교리와 도리, 수행과 불과의 근간이 되는 것은 여래장사상이라고 할 수 있습니다. 여래장이란 '여래

의 씨앗을 갈무리 한 창고'를 말하며 여래장심이란 '중생이 간직하고 있는 본연의 자성청정심'이지요. 우리는 일상 속에서 망념과 번뇌를 일으켜 여래장의 진여묘심을 깨닫지 못하고 또한 발휘하지 못하고 있습니다. 마치 아난이 계율을 잊고 마등가녀의 유혹에 빠져들 뻔한 일처럼 말이지요. 해서 이 경전은 인간의 마음 깊숙이 숨어있는 망념의 심각성과 중층성을 응시하여 여래장진심(如來藏眞心)의 발현을 촉구하는 경전이라고 할 수 있습니다."

청화거사 : "이 경전은 여래장사상 뿐만 아니라 밀교계 경전으로도 분류됩니다. 그 이유는 여래장 사상과 427구의 진언(密呪)을 싣고 있다는 점 때문이지요. 한 경전 속에서 이 두 가지 교의가 조화를 이루며 수록되어 있다는 점은 주목을 요합니다. 이 장문의 능엄주는 예로부터 한국과 중국 등의 선종에서 중시되어 일상적으로 독송되어 왔지요. '아비라주'라고도 불리는 능엄주는 『천수경』의 '신묘장구대다라니'주와 쌍벽을 이루며 한국불교의 대표적인 주력수행법으로 자리매김 되고 있습니다.

덕만부인 : "명나라의 영각 원현(永覺元賢)은 '능엄 일경(一經)은 삼경(楞伽, 金剛, 般若心經)의 종지를 모두 갖추고 있다. 그러므로 이 경을 정밀하게 연구하면 다른 세 경전은 대나무를 쪼개듯 쉽다'며 이 경의 내용을 절찬하고 있습니다. 이 경전은 송

대 중엽 이후 주자(朱子)를 중심으로 하는 신유교의 발흥과 인간 존재의 원점과 절대 지혜를 추구하려는 많은 학자들에게도 애독되어 왔지요. 뿐만 아니라 풍부한 교리적 내용과 치밀한 전개 방식이 돋보이는 이 경전은 우리나라 전통강원의 주요교재로서 확고하게 자리잡아 오고 있습니다."

우리 도반들은 허망한 마음을 없애고 진실한 마음을 닦아 선정에 이르게 하는 『능엄경』을 소리 내어 읽어오면서 '다라니'에 대해 다시 생각해 보게 되었습니다. 흔히 '성독'(聲讀)이라 일컫는 '소리 내어 읽기'는 『법화경』과 『금강경』과 『능엄경』 등이 강조하는 공덕을 쌓는 과정이라는 사실을 알았습니다. 나아가 '능엄주'와 '신묘장구대다라니'의 독송이 결국 망념을 끊는 주요한 수행법이라는 사실을 새삼 알게 되었습니다. 그리고 왜 주력이 중요한지, 어째서 소리가 중요한지를 생각키우는 시간이었습니다.

11월의 경전 — 『육조단경』

반야 지혜와 불성 심지의 선적 통합

"시작이 반이다"는 말이 온몸에 와 닿는 늦가을입니다. "처음 마음을 일으킬 때 곧 깨달음을 얻는다"[初發心時便成正覺]라는 『화엄경』의 말씀이 새삼 생각납니다. 어린 아이가 첫 걸음을 떼듯, 암스트롱이 달나라에서 첫 걸음을 떼듯 불경을 향해 나아가는 우리의 걸음은 조심스러웠습니다. 그런데 벌써 한 해 결사를 다짐하고 시작했던 우리 공부도 벌써 막바지에 이르고 있습니다. '극기'와 '하심'으로 불교공부를 시작한 우리 도반들은 늘 '초심'을 의식하며 살아가기로 다짐해 왔습니다. 해서 이번 달에는 '반야 지혜'와 '불성 심지'의 선(禪)적 통합의 길을 제시하고 있는 『육조단경』(1권)을 읽기로 했습니다.

도오거사 : "이 달에 우리가 읽기로 한 경전은 『육조단경』입니다. 이 경전의 갖춘 이름은 『육조대사법보단경』이지요. 이 경전의 돈황본 제목은 『남종돈교최상대승마하반야바라밀육조혜능대사어소주대범사시법단경(일권겸수무상계)』(南宗頓教最上大乘摩訶般若波羅蜜六祖惠能大師於韶州大梵寺施法壇經(一卷兼授無相戒)이지요. 이것을 간단히 『단경』으로 부르고 있습니다."

승만부인 : "이 경전은 흥성사(興聖寺)본, 종보(宗寶)본, 대승사(大乘寺)본, 덕이(德異)본, 돈황고(敦煌古)본, 돈황신(敦煌新)본 등 여러 이본(異本)이 있습니다. 일본 학자들은 이 『단경』이 '몇 차례에 거쳐서 점차적으로 성립되었기 때문'에 다수의 이본이

존재하게 되었다고 주장하고 있지요."

환정거사 : "이와 달리 저는 돈황본 『육조단경』은 '어떤 작자에 의해 한 번에 만들어진 것을 필사하여 전사한 것'이라는 주장이 설득력이 더 크다고 봅니다."

청화거사 : "돈황본 중에도 고본과 신본이 있지요. 즉 돈황본 57절 중 대범사와 관련이 없는 제38절 이하는 후대사람이 부가한 것이 분명합니다. 또 제38절 이전에도 후대 사람이 부가한 부분이 있다고 추정하고 있지요."

민락부인 : "이 경전은 중국에서 만들어져 유포되었지만 한국과 일본에도 전파되었습니다. 나아가 1071년에는 서하어(西夏語)로도 번역되었을 정도로 널리 유통되었지요."

덕만부인 : "『육조단경』은 혜능선사가 소주의 대범사에서 설법한 내용을 소주 자사인 위거(韋據)의 명에 의해 제자 법해(法海)가 집록한 것으로 알려져 있지요."

시당거사 : "그런데 선종 문헌에 '법해'라는 이름은 『신회어록』(石井本)에 처음 나옵니다. 하지만 『역대법보기』에는 법해가 아니라 '현해'(玄楷)와 '지해'(智海)로 되어 있습니다. 또 『조계

대사전』에는 '신회'로 되어 있어요. 해서 법해는 역사적인 인물이 아니라 처음부터 『단경』의 저자에 의해 등장된 인물로 보고 있습니다."

공덕부인 : "돈황본 『단경』에서는 법해를 혜능의 설법을 기록(集錄)한 십대제자의 한 사람으로 등장시키고 있기도 하지요. 하여튼 법해는 몇 몇 전적에서 이름이 등장합니다만 이 『단경』을 집록한 주체인지는 확정하기 어렵습니다."

환정거사 : "그런데 혜능의 제자인 하택 신회의 어록 가운데 『단경』과 제목이 비슷한 『남양화상돈교해탈선문직료성단어』(南陽和尙頓教解脫禪門直了性壇語, 이하 『壇語』)가 있습니다. 그런데 자료의 성립연대나 선사상의 발전에서 볼 때 이 『단어』에서 『단경』으로 발전된 것이 분명해 보이지요. 그런 점에서 본다면 『단경』의 성립과정과 신회는 긴밀한 관계가 있을 것으로 추정되고 있습니다."

덕만부인 : "'무상계를 수계하면서 내린 설법'이라고 한 제목에서 보이는 것처럼 『단경』의 '단'(壇)은 신회의 『단어』를 이어받은 것으로 보입니다. 해서 학자들은 『단경』의 저자가 혜능의 구법과정과 설법집을 만들면서 실제 남종 돈교의 선사상을 펼친 신회의 『단어』와 선어록 다수를 원용하여 혜능의 설법을

한층 발전된 선사상으로 재편했을 것으로 추측하고 있지요."

청화거사 : "돈황본 『단경』의 제목 끝에 붙어있는 '수무상계'(授無相戒)를 고려할 때 이 경전은 혜능이 일반 출재가인[道俗]들에게 시설한 무상계의 수계설법집 형식을 취하고 있습니다. 여기서 무상계란 『금강경』의 무상(無相), 무주(無住)의 반야사상을 토대로 한 '무상심지계'(無相心地戒)이지요. 이것은 『단경』에서 주장한 독자적인 남종 돈교의 대승보살계 전신을 일컫는 것입니다."

민락부인 : "돈황본 『단경』에서 설하고 있는 무상계의 수계설법은 '자성삼귀의'(自性三歸依, 22단)와 '사홍서원'(四弘誓願, 23단)입니다. 무상심지계(無相心地戒)란 '자성의 자서자수계'(自誓自受戒)이지요. 이것은 '진여자성(眞如自性)이 자기 스스로의 자각적인 맹서와 다짐으로 스스로 수계받는 지극히 간단한 대승보살계'를 가리킵니다."

만산거사 : "『단경』은 문학성이 뛰어나고 담긴 사상이 빼어나서 널리 읽혀오고 있습니다. 더욱이 이 경전은 북종선의 소의경전인 『능가경』과 달리 남종선의 사상적인 근거인 『금강경』에 필적하는 소의경전으로서 그 자리를 견주고 있지요."

정여부인 : "『단경』은 이미 제목에 보이는 것처럼 '남종 돈교'와 '반야바라밀법', '돈오견성'과 '번뇌 망념이 없는 진여자성의 자각'(無念), '머무름이 없는 자각의 실천'(無住), '일체의 사물에 집착하지 않는 무상'(無相) 등의 메시지를 담고 있지요. 이것은 그 시대의 시대상황과 선사상을 종합한 것으로 보입니다만 당시의 주요 교학인 천태와 화엄과의 차별성을 보여주는 독자적인 것입니다. 해서 북종선의 '이입'(理入)과 '사행'(事行)과 달리 남종선의 '돈오'(頓悟)와 '견성'(見性)은 교학과의 접점을 찾기가 쉽지 않습니다."

도오거사 : "북종선과 남종선의 차이는 한 마디로 '이념'(離念)과 '무념'(無念)으로 표현할 수 있지요. 북종선의 '이념'은 거울의 티끌을 털어내는 것처럼 아직 털어낼 대상이 남아있는 것입니다. 해서 마음을 집중시켜 명상하고, 마음을 안정시켜 고요한 상태를 유지하며, 마음을 가다듬어 외계를 통일하고, 마음을 가라앉혀 안에서 깨달음을 구하라고 하지요. 이와 달리 남종선의 '무념'은 본래 털어낼 티끌조차 없다는 입장입니다. 하여 명상이나 정신의 집중에 치중하기보다 무념의 근거에 있는 자각 그 자체를 중시하라고 하지요."

승만부인 : "'아, 그렇다면 깨침은 본디 나무가 아니고/ 밝은 거울 또한 틀이 아니네/ 본래 한 물건도 없는데/ 어느 곳에 티끌

과 먼지 일어나리오'라는 혜능의 돈오게(自性偈)와 '몸은 깨침의 나무요/ 마음은 밝은 거울 틀이네/ 때때로 부지런히 털고 닦아서/ 티끌과 먼지 일어나지 않게 하라'는 신수의 점수게(無相偈)는 각기 '이념'과 '무념'의 기호로 해명할 수 있군요."

환정거사 : "그렇습니다. 신수(神秀)에게는 아직 닦는다는 생각이 남아있지요. 그러니 멸해야 할 티끌과 먼지가 있는 것입니다. 그래서 그는 "닦을 것이 있다는 생각을 가지고 닦는 것"[有修而修]입니다. 스승인 홍인(弘忍)은 신수의 게송에 대해 넘어야 할 관문에는 가까이 갔으나 정작 그 관문을 넘어서지 못했다고 평가하지요."

덕만부인 : "반면 혜능(惠能)은 이미 닦는다는 생각자체를 끊어버렸지요. 그래서 어느 곳에서도 티끌과 먼지가 일어날 것이 없는 것이기도 하고요. 이것은 곧 '닦을 것이 없다는 생각으로 닦는 것'[無修而修]이지요. 자성청정심에서 보면 무시이래(無始以來)로부터 쌓아온 아뢰야식의 미세망념까지 돈단(頓斷)해 버렸기에 더 이상 닦을 것이 없는 것입니다."

시당거사 : "일찌기 휴정은 '말이 있는[有言] 세계에서 말이 없는[無言] 세계로 나아가는 것'이 '교'(敎)이고, '말이 없는 세계에

서 말이 없는 세계로 나아가는 것'이 '선'(禪)이라고 했습니다. 이것은 '말의 세계에서 뜻의 세계로 들어가는 것'이 '교'이고, '뜻의 세계에서 뜻의 세계로 들어가는 것'이 '선'이라는 의미와도 상통하지요."

공덕부인 : "이 경전은 구성과 내용면에서 『금강경』의 형식을 모방하고 있는 것처럼 느껴집니다. 당시 대범사 강당에 모인 일만 여명의 대중과 소주자사인 위거 등이 혜능에게 설법을 간청하고, 제자인 법해에게 혜능의 설법을 기록하도록 하고, 후대에 널리 유통되도록 강조하는 형식에서 볼 때 말이지요. 또 『금강경』의 '무분별'과 '무소유'와 '무집착'은 『육조단경』의 '무념'(無念爲宗)과 '무상'(無相爲體)과 '무주'(無住爲本)의 내용과 맞닿는 부분이기도 합니다. 이때문인지 두 경전은 남종선의 소의경전으로서 확고한 위상을 차지하고 있지요."

만산거사 : "중국에서 성립되었고 혜능선사 행장의 형식을 취하고 있지만 『단경』은 선종의 오랜 역사 속에서 여타 선사의 어록들과도 변별되지요. 특히 남종선의 전통이 강한 한국 불교계에서 『단경』은 경전 중의 경전으로서 자리매김 되면서 독자적 입지를 지녀오고 있습니다."

'무념'을 종지로 삼고, '무상'을 본체로 삼으며, '무주'를 근본으로 삼는 『육조단경』을 소리내어 읽으면서 우리는 『금강경』과의 상통성을 느꼈습니다. 나아가 혜능선사의 발심을 촉발시킨 『금강경』이 왜 남종선의 소의경전이 되었는지를 알게 되었습니다. 초기 선종사의 정점에 이른 혜능대사와 그의 행장과 설법으로 이루어진 『육조단경』이 어째서 많은 선사들의 어록을 제치고 경전화 될 수 있었는지도 알게 되었습니다. 그리고 '종지'와 '본체'와 '근본'이 무엇인지, '단박 깨침'[頓悟]에 이른다는 것, '점차 닦음'[漸修]이라는 것의 접점과 통로가 어디인지도 어렴풋이나마 알 수 있었던 시간이었습니다.

12월의 경전 — 『천수경』

연기 지혜와 중도 자비의 전신투지

'세우면 탑이고 눕히면 절이다'는 생각으로 시작했던 경전 순례였습니다. 법신사리를 친견하기 위해 일주문 앞에서 출발했던 우리의 발걸음은 금강문과 천왕문과 불이문을 지나 대웅전 문턱을 넘어 불단에 계신 부처님께 다다랐습니다. 동시에 진신사리를 친견하기 위해 탑앞의 지반에서 떠났던 우리의 걸음 역시 하층 기단과 상층 기단과 탑신의 각층을 지나 노반과 복발과 앙화와 보륜을 넘어 마지막의 찰주에까지 이르렀습니다. 그런데 이곳에 와보니 저 기단부와 일주문에 해당하는 아함경전 군들이 다시 보이기 시작했습니다. 아함경전 군에서 다시 대웅전의 불단과 불탑의 찰주를 바라보니 『천수경』이 눈에 들어왔습니다. 해서 우리 도반들은 일년 동안의 마지막 경전 순례를 한국 불자들의 소의경전인 『천수경』으로 정했습니다.

청화거사 : "한 해가 마무리되는 12월입니다. 그동안 우리 도반들은 제법 눈이 맑아지고 귀가 밝아졌지요. 해서 경전은 '만대의 의지처'[萬代依憑]라는 말이 새삼 다가옵니다. 『천수경』에는 '광본'(原本)과 '약본'(誦本)두 가지 종류가 있습니다. 대장경의 밀교부에 들어있는 광본과 달리 우리나라에서는 '약본'을 수지독송 하고 있지요."

정여부인 : "이 경전은 여러 이본이 있습니다. 원본으로 인정되는 경전은 가범달마(伽梵達摩) 삼장이 번역한 『천수천안 관세

음보살 광대원만 무애대비심 다라니경』(千手千眼觀世音菩薩廣大圓滿無碍大悲心陀羅尼經)이지요. 불공(不空) 삼장은 『천수천안관세음보살대비심다라니』로 번역했습니다. 이들 광본에서 '열 가지 원'(願)과 '여섯 가지 향'(向) 및 '천수천안'과 '대다라니'를 발췌하여 의식을 거행할 때 독송에 적합하도록 재구성하고 재편집한 것이 곧 우리가 즐겨 읽는 독송본 『천수경』이지요. 특히 '신묘장구대다라니'는 『능엄경』의 '능엄(신)주'와 함께 가장 널리 읽히는 제일 긴 다라니입니다."

환정거사 : "'다라니'와 '진언'과 '주문' 등이 함께 쓰이고 있는데 어떻게 구분할 수 있는지요."

덕만부인 : "'다라니'란 흔히 '모두 지니고 있다'는 뜻으로 '총지'(摠持, 總持)라고 번역합니다. 어원적으로는 '법을 마음에 새겨 잊지 않음'을 의미하지요. '만트라'는 '진언'(眞言)이라고 옮깁니다. 이것은 어원적으로는 '생각하는 도구'를 말하며 의미상으로는 '허망하지 않은 언어'를 가리키지요. 대체적으로 좀 짧은 것은 주문이라고 일컫고, 좀 긴 것은 다라니라고 부릅니다."

시당거사 : "우리는 눈에 보이고 손에 잡히는 세계만을 믿으려고 합니다. 그런데 정신의 세계, 영혼의 세계, 불보살의 세계, 귀신의 세계 등처럼 눈에 보이지 않고 손에 잡히지 않는 세계가

훨씬 더 넓고 크지요. 우리가 인식하는 표층의식의 세계는 사실상 심층의식의 세계에서 보면 빙산의 일각에 지나지 않습니다. 때문에 우리가 진언을 자꾸 외우는 것은 보이지 않는 세계에 좋은 영향을 끼치게 하기 위해서 이지요."

공덕부인 : "이 경전은 관세음보살의 자비와 지혜를 통해서 바람직한 삶의 길을 제시해 왔지요. 길이는 매우 짧지만 내용은 결코 가볍지가 않습니다. 해서 옛날부터 이 경전의 수지 독송을 적극 권장해 왔지요. 설령 이 경전을 다 읽지 못할 경우에라도 대부분의 불자들은 '신묘장구대다라니'만큼은 여러 번 독송을 해 오고 있습니다."

만산거사 : "이 경전은 밀교부에 속해 있지만 선법(禪法)과도 매우 상통합니다. '다라니'를 일심으로 외우는 순간 일체의 다른 생각들이 끊어지기 때문이지요. 우리가 '신묘장구대다라니'를 108독, 1080독 등을 하는 이유도 여기에 있는 것입니다."

승만부인 : "현장법사는 '다라니는 번역하지 않는다'고 했습니다만 최근에는 왜 번역을 하고 있는지요?"

도오거사 : "아마도 호기심 때문만은 아닐 것입니다. 그 의미를 알고 행하면 우리의 마음과 정성이 거기에 담기게 되어 훨씬 더 집중이 잘되기 때문일 것입니다."

민락부인 : "하지만 마치 우리 인체에도 드러내지 않고 감춰놓은 부분이 있는 것처럼 다라니도 번역을 하지 않고 감춰두면 더 낫지 않을런지요?"

청화거사 : "물론 가능하겠지요. 과거에는 그런 뜻에서 번역하지 않았습니다. 다라니는 번뇌를 없애는 '의미없는 도구'이기 때문입니다."

정여부인 : "이 경전의 주체인 관음보살은 광본(원본) 『천수경』에서는 '정법명여래'(正法明如來)라고 합니다. 말 그대로 관음여래이지요. 뿐만 아니라 관세음보살은 서방정토에서는 무량수불이라고도 합니다. 나아가 관음과 미타는 한 몸이면서 두 부처님이라고까지 말하지요."

환정거사 : "무량수전이나 미타전 혹은 극락(보)전에 가면 주불이 아미타불이고 좌보처가 관음보살입니다. 그렇다면 아미타불과 관음보살은 한 몸이라는 것인지요?"

덕만부인 : "예 그렇습니다. 한 몸이면서 두 부처님인 것이지요. 본디 대승불교 이전에는 역사적 붇다인 색신(色身)과 비역사적 붇다인 법신(法身)만을 인정하는 이신설(二身說)이 주장되었습니다. 그런데 대승불교가 성립되면서 수행의 과보를 받은 존재인 보

살을 상정하기에 이르렀지요. 그 결과 역사적 붇다와 비역사적 붇다를 아우르는 보신설을 제시하여 삼신설(三身說)로 정착시킨 것이지요. 대승 유식(唯識)에서는 깨달음의 법열을 자신을 위해 사용하는 자수용신(自受用身)과 타인을 위해 사용하는 타수용신(他受用身)을 아우르는 사신설(四身說)로까지 확대됩니다."

시당거사 : "의상대사의 『백화도량발원문』에는 관음보살을 도와드려야 된다는 내용이 나옵니다. 이것은 많은 이들의 고난을 덜어주기 위한 관음보살의 일손이 너무 부족하기 때문에 관세음보살이 되기를 발원하는 천수행자(千手行者)는 관음보살을 도와드려야 한다는 의미로 읽을 수 있지요. 반면 『법화경』「관세음보살보문품」에서 '관세음보살의 명호를 일심으로 부르면 모든 고통으로부터 벗어나 해탈케 할 것이다'고 설하고 있습니다."

공덕부인 : "그러니까 우리의 소원을 비는 대상으로서의 관음보살이 아니라 내 속에 있는 관음보살을 불러내어 우리가 대상으로 부르는 관음보살을 도와주라는 것이군요."

만산거사 : "그렇습니다. 불교의 '발원'과 '서원'이 다 그런 지향을 지니고 있지요. 즉 바깥에 계신 불보살님께 '무엇을 해주십시오'라는 청원이 아니라 내 안에 있는 불보살님을 불러내어 저절로 '무엇을 하겠습니다'로 전환하는 것처럼 말입니다."

승만부인 : "내 안에 있는 지혜와 자비를 불러내어 그것을 문수와 관음과 같은 보살로 인격화하여 스스로 발원하고 서원하는 것이지요. 그래서 내가 문수보살이 되고 관음보살이 되는 것이지요."

도오거사 : "그렇습니다. 바로 『천수경』의 '관음신행'(觀音信行)이 바로 그것을 말하고 있지요. 대상을 통해서 오히려 주체를 불러내는 것입니다. 그렇게 되면 이제 대상과 주체의 분기는 사라지고 보살행만이 행해지겠지요."

민락부인 : "한국인들에게 가장 가까이 있고 제일 친근하며 매우 자주 읽고 외우는 『천수경』이 불교의 핵심을 담고 있다는 사실을 새삼스럽게 인식하게 되었습니다."

청화거사 : "사실 진리는 먼 데 있지 않습니다. 내 밖에 있지도 않지요. 진리는 가까운 데에 있고 내 안에 있는 것입니다. 다만 우리가 그것을 모르고 있고 보지를 못하고 있을 뿐이겠지요."

정여부인 : "바로 그것이 한 해 동안 불경을 읽어오면서 느껴오던 것이었습니다."

환정거사 : "이렇게 가까이 있는데 우리는 왜 너무 멀리서 찾

았을까요? 내 몸이 법당이고 내 마음이 부처님이라는 사실을 누누이 듣고도 말입니다. 내 집이 절이고 내 식구가 부처님들이라는 사실을 잊고 살고 있으니 말이지요."

덕만부인 : "그 말이 '머리'로는 이해가 되었는데 '가슴'을 넘어 '온몸'으로 전해지지 않았는가 봅니다."

시당거사 : "『천수경』을 읽으면서 '순간이 전부'라는 인식의 전환을 체험했습니다. 부처님은 오직 '−만'과 '−뿐'하는 이 순간이 나의 모든 것이라고 역설해 주셨지요. 우리의 과제는 그것을 이제 얼마나 온몸에 익히느냐에 달려 있습니다."

공덕부인 : "아무리 많은 경전을 본다하더라도 '본 것'처럼 살려고 하지 않는다면 의미가 반감되겠지요."

만산거사 : "'앎'과 '삶'의 거리를 최소화시키려는 삶을 사는 이가 '보살적 인간' 내지 '불교적 인간'이라면, 그 거리를 무화시킨 이가 부처님이라고 할 수 있으니까요."

승만부인 : "부처님은 '참으로 아는 것'은 진실로 '그렇게 사는 것'이라고 역설하셨지요."

도오거사 : "부처님은 '이 연기의 바다는 참으로 깊다. 감히 함부로 들어오지 못한다'고 『아함경』에서 역설하셨지요. 요즈

음 이 말씀이 새롭게 다가옵니다. 연기의 바다 속에서는 연기의 가르침대로 살지 않으면 자맥질 하다가 고통의 바다에 빠져 죽을테니까요."

민락부인 : "오늘의 나의 성취는 모든 사람들의 도움과 협동에 의해 이루어질 수 있었다는 통찰이 연기법이지요. 한 해 동안 불경을 읽으면서 오늘의 나의 성취가 있도록 인연을 맺어준 이들에게 나의 성취를 다 나눠주기를 서원하는 삶을 살아야겠다고 생각하는 기간이었습니다."

금년 한 해 동안 우리는 많은 경전과 도반을 만났습니다. 특히 거사와 부인들이 함께 모여서 불경을 함께 읽고 공부하는 것을 현실화했다는 것이 너무 자랑스러웠습니다. 더 이상 '역할모델'을 대상화해서 바깥에서 찾을 것이 아니라 우리 내면속에 자리해 있는 '원력'을 불러내어 함께 불경을 읽어가려는 시도가 중요하다고 생각했습니다. 또 '거사'와 '부인'이라는 정체성을 분명히 세워가려는 노력이 불교의 가장 급선무라는 사실도 알게 되었습니다. 아울러 '속인' 혹은 '신도'라는 의미를 넘어 거사와 부인들 스스로가 '부처님의 제자'요, 몸과 마음을 변화시키는 '수행의 주체'라는 사실을 자각하는 시간이었습니다. 나아가 내가 흉내 내고 닮고 배우고 넘어서야 할 나의 '역할모델'이 부처님의 모습이라는 사실을 확인하는 시간이었습니다.

저자 : 고영섭(高榮燮)

동국대학교 불교학과와 같은 학교 대학원 불교학과 석·박사 과정을 졸업하고 고려대학교 대학원 철학과 박사과정을 수료하였다. 그동안 동국대, 서울대, 서울대학원, 강원대, 한림대, 서울시립대 시민대학 등에서 동양철학과 한국사상사 등을 강의하였다. 고려대학교 민족문화연구원 연구교수를 거쳐 동국대학교 불교학과 교수로 재직하고 있다. 저서로는『한국불학사』1, 2, 3, 4,『한국불교사』,『원효, 한국사상의 새벽』,『원효탐색』,『한국의 사상가 10인 : 원효』,『한국철학자 15인 이후 : 원효 이후』,『문아(원측)대사』,『불교경전의 수사학적 표현』,『새천년에 부르는 석굴암 관세음』,『연기와 자비의 생태학』,『우리 불학의 길』,『불교란 무엇인가』,『우리 고향 중의 고향이여』,『불교생태학』,『불교와 생명』등 다수가 있다. 1998~1999년 월간『문학과 창작』2회 추천을 완료(신인상)하였으며 시집으로는『몸이라는 화두』,『흐르는 물의 선정』,『황금똥에 대한 삼매』가 있다. 대발해동양학한국학연구원 한국불교사연구소를 운영하고 있으며 인문학 계간지『문학 사학 철학』편집주간을 맡고 있다.

거사와 부인이 함께 읽는

불경이야기

1판 1쇄 찍음 • 2010년 5월 10일
1판 1쇄 펴냄 • 2010년 5월 15일

저　자 • 고 영 섭
발행인 • 정 현 걸
발　행 • 신 아 사
인　쇄 • 성실인쇄

출판등록 • 1956년 1월 5일(제9-52호)
서울특별시 은평구 녹번동 28-36번지(2F)
전화 (02)382－6411 • 팩스 (02)382－6401
홈페이지 • www.shinasa.co.kr
E－mail • shinasa@chol.com

ISBN : 978-89-8396-677-3

정가 *10,000* 원